Simplement

Première période
1993/1995

Deuxième période
1996/2011

Du même auteur

Première Edition

Simplement *(2014)*

Jérôme Aviron

Simplement

Editions Rhéartis

L'arrogance des Mots

Couverture et 4ème de couverture, réalisées par
© Editions Rhéartis. Photo par Jérôme Aviron

© Édité par Les Éditions Rhéartis
ISBN : 978-2-36544-011-0

Copyright ©
Jérôme Aviron – Editions Rhéartis
Mars 2014

DEDICACE **21**

ANNEE 1993 .... **23**
   Souvenirs d'effluves 24
   Ou sont-ils donc tous ces beaux jours ? 26
   La glycine que je devine 28
   Cochon d'Ingres 29
   Paques en fait, pas que fetes 30
   La face du monde est la 31

ANNEE 1994 .... **33**
   Il est assis sur le parvis de l'eglise 34
   Ce matin une rose gelee au jardin 36
   Ecully 37
   Bruno, tout de go a velo 39
   Le horla de la maison 40
   Les valseurs sur la piste 41
   Antique cantique nautique 43
   Pampelune 45
   Toronto 47
   Tu n'as connu que le souffle de la jeunesse 49
   Le visage blond de la mer 51
   Tout est a voir en ce mystere de l'ostensoir 53
   Une blonde acerbe 55
   Qui es-tu, toi mon frere que j'ai si longtemps cherche ? 57
   Quel est donc ce mariage ? 60
   Palma tu m'ensorcelles 62
   Une mesange sur le mur haut 64
   Une petite note 66
   Sur l'echevin 68
   Au telephone 70
   Nous nous sommes retrouves pour toi 72
   Comme a la fin d'un bel ete 75
   Une fleur epanouie est morte ce matin 77
   Mon pays tant aime ou es-tu ? 79
   Cormorand 81
   Arriverai-je un jour enfin a oublier ta presence ? 84
   Le vent souffle a perdre haleine 86

Un couple d'amoureux a disparu 88
La belle aux Terreaux 90
Champagne 93
Combien de fois sommes-nous morts ? 95
Moïse sur les eaux vives 98
Ton visage m'engage sur d'autres rivages 99
Chaussures de dames 101
La dame de Lieu-Dit 103
Moi je suis triste de voir mourir 106
Montplaisir 108
Mais ou courrons-nous ? 110
Nous allions, nous etions dans ce cimetiere 113
Des yeux verts au centre d'un visage brun 115
Mes vingt ans ne sont pas de trop 118
La femme que j'aimais ne reviendra plus jamais 120
Prenez une rue qui monte 122
Dimanche soir televise 124
A genoux aux pieds de la Madone 126
Une petite chapelle 128
Ami transalpin 130
Mon enfant comme tu lui ressembles 132
Nunc et dormire 134
Liberte je benis ton nom 136
Toutes ces montagnes refletent l'astre solaire 138
Avec ton cartable a la main 140
Avoir une grand-mere 142
Maman a la migraine 144
Ma vie s'allume 146
Petit Clement 148
L'amour platonique 150
La Chardonniere 152

ANNEE 1995 155
Ami poete 156
Je n'ai pas eu une enfance facile 158
Le dico des inconnus 160
Toi mon frere qui dors sous la pierre 162
Aux Chassagnes 164

SI PRES D'ICI	166
VIENS ME RETROUVER DANS CETTE MAISONNEE	168
UNE CIGARETTE QUI MONTE A LA TETE	169
AU DOMAINE DE L'ESPRIT	171
LES SAMEDIS APRES-MIDI	173
ILS N'ONT PAS EU D'ENFANCE	175
LA NEIGE PAR PETITES PINCEES	177
LE PRINTEMPS FRAPPE A MA PORTE	179
JE N'AIMERAI PAS AVOIR A FERMER VOS YEUX	181
UN ROCHER PERDU AU MILIEU DE LA MER	183
CE VIEIL AIR DE JAZZ QUI TRAINE DANS MON COEUR	185
COMMENT VAIS-JE POUVOIR TE DECRIRE ?	187
LA PLUIE TOMBE AINSI QU'UNE LARME DU CIEL	189
UN AMOUR RAVISSANT	191
A LA CLAIRE TRENTAINE	192
SON CHAPEAU MELON ENFONCE SUR LA TETE	194
SUR CE TABLEAU PEINT A L'AIDE D'UN COUTEAU	196
AU SEPT COURS D'HERBOUVILLE	198
LAURENT MOURGUET	200
SUR LES EAUX NAVIGUE UNE JOLIE BARQUE	202
SUR CE BANC DE FER	204
POUR TOUT UN VAMPIRE	206
ECRIRE UN LIVRE C'EST COMME PEINDRE SEUL	208
ALAIN FOURNIER	210
MON AMI S'EST ENGAGE DANS LA MARINE	212
PAR UN APRES-MIDI PLUVIEUX	214
ENFANCE PLUMEE	216
COMMENT FAIRE LORSQUE L'ON EST FRERES JUMEAUX ?	218
SAINTE MARIE REINE DES ANGES	220
JOE DASSIN	222
LA BANDE A BONO	224
NOUS VIVONS UNE FIN DE SIECLE DANS L'OMBRE	226
QUE FAISONS-NOUS SUR LES QUAIS, SEULS ?	228
LES OISEAUX CHANTENT	230
UNE AMITIE DECALEE	232
WAGONS-LITS, WAGONS SI TERNES	234
UNE COUPE DE FRUITS ROUGES	236

Mon ami, mon gentil ami	238
En odeur de salete	240
Villereversure	242
Les postiers du ciel	244

ANNEE 1996 247
Dardilly	249
Lourdes	251
Sur la route enchantee	253
Jacky et Jeannot	255
La pince a cornichons	257
Vous etes venue dans ma vie pour me rejouir	259
Conte a rebours	261
Dame Aron et Dame Arais	266
Au ciel j'irai la voir un jour	268
Les morts oublient le pays de leur naissance	270
Avec ton sourire d'ange	272
François	274
Je pense que mon destin est d'etre heureux	276
Bonne annee !	278

ANNEE 1997 281
Je songe a toi mon petit	283
Loriau	285
Deux tourtereaux passent sur la maison	288
Un fier soleil pale et nu	291
Antoine	293
A Saint Irenee	295
Au Karba	297
Rome	299
Au Vatican	301
Lacenaire	303
Les feuilles tombent sur le chemin	305
Les jours glissent	307

ANNEE 1998 309
L'escarpolette	310
O' Mois de Marie	312
Les escalators	315

La coupe est pleine 317
Ma maison 319
Il Simone ! 321

Annee 1999 .... **323**
  Toi mon plus doux sourire 325
  En raccourci 327
  Ayez confiance ! 329

Annee 2000 .... **331**
  Un jour vous saurez tout 332
  Mutine Marine 334
  Venise 335

Annees 2001 a 2011 .... **337**
  Un poete s'est envole 338
  Loup-garou provençal* 339
  A Dieu Mamie… 341
  Ode a Guenille 344
  Pollone 346
  Mon cœur fait boum ! 348
  Au preux Roi Artur 349
  Joie du Ciel sur la terre 351
  Lyonnaiseries 353
  « Lima Charlie » 355
  En piste ! 357
  Le medecin de famille 359
  L'Alpette 361
  La Georges a toujours vingt ans ! 363
  Frere Soleille 365
  Vivement la retraite ! 367
  Sauve qui peut ! 370
  L'echelle de Jacob 373
  Le globe trotter de Dieu 375
  A la Salette 377
  San Pellegrino 379
  Les plafonds de l'enfance 381
  La valse des generations 383
  Vingt ans apres 385

BIENHEUREUX PIER-GIORGIO FRASSATI 387
CAPITAINE GERARD DE CATHELINEAU 388
VIERGE AU GLOBE 390
SAINT MAXIMILIEN-MARIE KOLBE 390
BIENHEUREUX KARL LEISNER 393
SOUS-LIEUTENANT LOUIS BOISRAME 396

Dédicace

A mon improbable grand-père, Maître poète et Fou chantant…

Ma rencontre avec l'écriture fut avant tout celle d'un enfant de Narbonne, qui chante la vie et la France. « *Longtemps, longtemps, longtemps après que les poètes ont disparu…* », je réponds enfin à son invitation de livrer à qui semblera bon, mes petites pattes de mouches.

Sorties du cœur ou même reflet de ce que je pense être un peu, puissent-elles déposer un sourire complice sur les lèvres d'un môme blessé, ou remémorer quelques bons moments aux amis d'hier, d'aujourd'hui ou de demain. Si tel est le cas, toutes ces pages ne seront pas vaines Dieu merci !

A Cormorand, le 4 novembre 2011 en la fête de Saint Charles Borromée

Jérôme AVIRON

Année 1993

« Pourquoi ne savons-nous pas dire aux gens qui nous entourent
Que nous les aimons, les comprenons ? »

Souvenirs d'effluves

A Saint Martin d'Hères, septembre 1993

Qui es-tu de là-haut ?
Je t'aime, tu le sais maintenant,
Que de folies, que de temps passé à se regarder.

Tu sais ce qu'il en est aujourd'hui
De ma pauvre nature, de mon existence sans joies.
Vous étiez mon passé, mon présent et mon avenir.

Pourtant, il ne subsiste de cela qu'un souvenir,
Quelques rires et un long soupir.
Heureusement, mes rêves me conduisent à toi, tu es là près de moi.
Mon émoi est passé, il ne me reste plus de ces fois que la foi.

Un jour j'en suis sûr, nous nous retrouverons près de l'Eternel.
Ce soir je ne suis qu'un sac à vin, qui cherche en vain à exister
Et qui en fait, ne fait qu'embarrasser, déranger.

Aide-moi, conduis-moi, entraîne-moi sur la route enchantée.
N'est-ce pas partie remise, pour moi qui ne suis que grivois
Et sournois, lorsqu'un peu d'alcool me colle à la peau ?

Peau de chagrin plus qu'un écrin, je n'ai pour joyaux qu'une foi
Qui parfois, est mon seul refuge face à ce monde
En perdition et qui n'est que dérision.

Pourquoi ne savons-nous pas dire aux gens qui nous entourent
Que nous les aimons, les comprenons ?
Actuellement, tu vois de surcroît que j'aime tous ceux qui sont là, tout
Particulièrement ces deux garnements qui me tiennent lieu d'acolytes.

Ne serait-il pas temps de m'aliter ?
Je le crois de façon sûre.
A bientôt compagnon des songes…

Où sont-ils donc tous ces beaux jours ?

Novembre 1993

Où sont-ils donc tous ces beaux jours,
Où sont-elles donc toutes ces framboises,
Que nous cueillions avec Mamie ?

Aujourd'hui elle est dans son lit, chétive et vieillie,
Mais toujours son regard vert, nous entraîne loin de l'hiver
Au temps des lilas blancs, qui fleurissent près du banc de pierres.

Le vieil évier d'hier, usé par les intempéries
Est pareil à cette nuit, froid et transi.
Tout est fini, aujourd'hui le jardin est gris, les fleurs flétries
Et les framboisiers morts, arrachés par Mamie.

Un coup de bêche et hop, tout rajeunit, tout revit,
Le printemps est là, les lilas blancs ravis
Près du banc de pierres s'éveillent,
Mais Mamie n'est plus la même, endormie la veille.

Tel un ange elle change d'horizon, retrouve sa maison.
Ses amis sont là, son petit lit aussi, le vieux phono
Sur le mur haut joue des airs nouveaux.
Miro tout jeunot, court près du ruisseau.

Le Suran n'est pas tant bruyant, qu'il est temps
Maintenant de rentrer à Cormorand.
Aujourd'hui samedi,
Emilie arrive pour midi.

Lucien dans son coin tient à danser un brin,
« Tout est tien, tout est mien, tout n'est rien ».
Où sont-ils donc tous ces amours ravis,
Où sont-elles donc ces émotions que nous convoitions avec envie ?

La glycine que je devine

A Dardilly, le 27 décembre 1993

La glycine que je devine quand le soleil décline,
Me fait signe que je suis digne de la vigne
Qui chemine, sur la cime des collines voisines.

Le Revermont est en amont et au plus profond des vallons,
Un doux mont que nous aimons de renom et par affection.
Toutes nos actions sont fonction des saisons.

La vie est douce en ce petit paradis,
Tout nous pousse à suivre une gentille vie.
Que d'amis et de plaisirs sans soucis,
Tout est promis, tout est permis.

Le Suran dans un chant troublant,
Se ressent des élans d'antan.
Tant de gens, tremblants à l'attente d'amants galants,
De serments charmants, hantent les sarments.

Le campanile qui se dessine dans la brume,
Est en compagnie des divines mélodies
Qui soulignent les limites, et les abîmes
De nos avides appétits...

Cochon d'Ingres

Saint Martin d'Hères, le 30/12/93

Petits, nous t'avons admis en notre logis,
Par l'entremise de Mamie qui t'avait recueilli,
Chez une voisine amie.

Écossais, tu rêvais de prés et de forêts,
Mais ce n'était en fait,
Que cachot et regrets.

Judith, notre chienne favorite,
A, un samedi,
Mis son pif près de ton gîte.

Est-ce la peur ?
Tu t'enfuis sur l'heure,
Pour nous laisser dans les pleurs...

Pâques en fait, pas que fêtes

Décembre 1993

Un jour de Pâques nous a réunis
Dans un lit, un petit nid, un cosy.

Sonnez à toute volée cloches bien-aimées,
Venez, apportez à ma bien-aimée un doux baiser.
Que d'envolées, de volontés et de voluptés,
Tout est à notre portée.

La suavité de cette nuitée nous a inspiré
Mille rêves, mille fièvres, mille trêves.
Mais hélas, ce sont des frasques aux adultes réservées.

Nos deux corps à peine formés
S'endorment, dans un corps à corps tout de pureté.

Dormez enfants, dormez,
Demain les cloches vont sonner
Et vous n'aurez, qu'à vous pencher
Pour ramasser à pleine brassée, ces oeufs convoités.

La face du monde est là

1993

La face du monde est là, est là bien cachée ici-bas.
Tu ne te promènes qu'avec un bas,
Un bas-relief qui se dessine dans ton reflet.

Alors tout neuf, un oeuf de Pâques,
T'entraîne à bord de son mirage,
Loin des rivages de la mort,
Au-dessus des cloches de Loches.

Mais où êtes-vous, vous tous qui fîtes
D'un rendez-vous un souvenir, un doux soupir ?
Sainte Jeanne sur son fier destrier, désigna un héritier
A la fille aînée de la Sainte Trinité.

Toute auréolée de sainteté, elle finit sur un bûcher
Qui la conduisit, de Domrémy à l'ennemi.
Beaux et gentils Anges-gardiens, prenez soin de cette étoile
Qui ramena à Reims, l'étole qui écrasera le Louvre et vainquit Babel.

Cette tour de verre, image de l'enfer,
Tremblera sur ses fondements et comme avant, au temps jadis
Tapis au fin fond des ténèbres, fera surgir
Les suppôts de Lucifer...

Année 1994

« Je te connaissais mieux que quiconque, fidèle
A tes épanchements, sur mon coeur frêle »

Il est assis sur le parvis de l'église

26 janvier 1994

Il est assis sur le parvis de l'église,
Aujourd'hui rien ne lui sourit, tout est gris.
L'édifice lui renvoie les murmures assourdis de l'office.

Quelques rides sur ses mains, lui rappellent ses soucis
Et ses artifices sans répit.
Le temps est rapide et les amis s'enfuient.
Celui-ci a pris le parti d'une moitié,
L'autre sans prévenir, s'est uni à l'éternité.

Que ces paysages sont beaux, bordés d'eau et de saules.
Un nuage haut, aspiré par les fardeaux de nos pauvres os,
Sans ambages a éclaté à vau-l'eau.

Un coq dans la bruyère, tout pépère sans s'en faire,
A hoqueté une prière, toute première d'un bréviaire champêtre.
Le hêtre près de la rivière, sert de repère aux compères sans volière.

Le jour descend et se répand au firmament
Un rouge sang, miroitant dans l'étang.

Les tranchées, hachées de souvenirs
Sans prévenir, se sont mêlées de ressurgir.

En ces orifices, que de cris et de soupirs,
Sacrifices inassouvis, où tant de vies ont esquissé leur dernier sourire.

Il est minuit sur le parvis de l'église,
Aucun bruit, rien ne luit, tout est endormi.
Le sceptique revient le dos courbé à l'hospice.

Ce matin une rose gelée au jardin

Janvier 1994

Ce matin, une rose gelée au jardin
Pleine d'entrain, m'a causé un brin :

« Connais-tu mes couleurs, mes senteurs
Pleines de douceur et de profondeur ?

Ne t'en vas pas ami joli,
Ne t'enfuis pas d'ici.
Je te donnerai, foi de rose, toutes ces choses
Qu'une saison éclose, avec bonheur expose.

Je te vouerai ma vie, mes envies et mes folies.
Je chanterai pour toi des airs jolis
Et toutes nos nuits, ne seraient qu'émois ravis.

Connais-tu la valeur de mes heures à jamais enfuies ?
Jamais je ne pleure sur des leurs, mauvais amis ».

Ce matin une rose fanée au jardin,
Lie de vin s'en est allée au loin…

Ecully

Janvier 1994

Le mercredi est jour béni, aujourd'hui tout est permis,
Finis les soucis, bonjour la famille.
A midi tous sont réunis autour de Mamie et Papi.

Les mets sont profusion et les entremets font légion.
Tous à l'unisson mangent en communion.

L'après-midi nous amène Tatan Berthe.
Mamie et elle-même, admettent qu'un bon café-crème
Est une merveille, un plaisir suprême.

La distribution de baisers ne fait que commencer,
On parle du temps suranné, de l'actualité.
Papi hurle, que le Canard Enchaîné pullule de déchaînés.

Une ballade au jardin et les enfants sortent de leur coin,
A la cantonade tous chantent une aubade.
Les iris, les myosotis et le tamaris, fleurissent l'asphalte
D'un parterre sans égal.

Le soir descend et pour un temps
Il est navrant, de quitter cet enchantement.

Le mercredi est jour fini,
On s'habille et on dit merci.
A la nuit tous sont partis,
De retour en leurs logis.

Merci Ecully

Bruno, tout de go à vélo

7 février 1994

Bruno, tout de go à vélo
Il ne te faut pas trop, de quelques sauts
Pour à mon home, arriver comme un sot.

Moi, au dodo sur le dos
Je ne puis de sitôt, aller au trot.
Cloué au poteau, je suis rigolo.

Tes tâches de rousseur sont toutes en fleur
De cette ardeur, qui fait peur aux menteurs.
Quelle candeur dans cette pâleur sans aigreur.

Ta présence me fait oublier l'absence
De tous ceux, dont l'abstinence me met en transes.
Quelle élégance, quelle prestance dans cette ambiance sans nuances.

Nos rêves s'acheminent
Sur les cimes, où nos mines enfantines
Raniment des idylles anodines…

Le horla de la maison

26 mars 1994

Une nuit, dans mon lit
Plein d'ennui, je le vis.
Il était là sans façon,
Le Horla de la maison.

« Qui es-tu mon petit, sais-tu que j'ai bon appétit ?
J'habite dans le ventre d'une armoire,
Entre grimoires et sautoirs.
Le soir tout est noir, plein d'espoirs illusoires.

Je hante la charpente de ton antre,
Et sans attendre, j'entre pour te surprendre.
Depuis tout petit tu as peur de moi,
Qu'es-tu joli plein d'effroi... ».

Les valseurs sur la piste

7 avril 1994

Les valseurs sur la piste, sans peur se mettent en valeur.
Qui leur a appris ces rythmes si virils ?
Je ne sais, mais ce sont des heures de grande valeur
Qui les mènent, au fil de ces hymnes en fleur.

Un pas hésité, deux pas soldés
Et ce ne serait qu'idées volées
Si ces jeunes années, n'étaient nées
Dans cette vallée toute aimée.

Le jazz est un art qui nous fait vibrer,
Tout de vie et d'envolées.
Si je pouvais danser, Je m'élancerai sur la piste au bras de ma fiancée
Où, je la ferai swinguer jusqu'au coeur de la matinée.

Que de pas cadencés, amorcés, dans ces brassées de baisers.
Tout tourne autour de nous et les instruments, de leur cuivre
Au firmament, nous entraînent pour suivre
Nos passions échevelées, dans un endroit bien aimé.

Le rythme fou, tout d'un coup
Amène notre coeur tout gonflé de Vous,
A la même cadence que cette musique toute de démence.

Clémence dans votre sentence mon Dieu,
Pardonnez-nous si nous n'avons d'yeux que pour ce jeu.
Tout adoré êtes-vous de nous, et malgré
Nos infidélités, Vous demeurez le souffle de notre destinée,
Tout entier en nos pensées.

Une voix chaude, jusqu'à l'aube envoie une ode
Dans les eaux troubles de nos couples.

Vous êtes là mon âme,
Lasse de mes blâmes et de mes sarcasmes.
La gamme de mes escapades, réclame
De votre part une patience immuable.

Antique cantique nautique

14 avril 1994

Tes yeux bleus comme la mer
M'entraînent loin d'eux, en des chemins de traverse loin de l'hiver.
Sur la plage baignée d'un pâle soleil d'avril,
Les oiseaux sauvages auréolés par leurs ailes fragiles,
Atteignent les îles.

Le soleil les attire dans l'azur, comme en son temps Icare.
Les oreilles du marin, à son quart
Entendent ce chant envoûtant des sirènes antiques.
Ulysse à la barre, sans crier gare
Dare-dare, abandonne la place de panique.

Pénélope interlope, poursuit son ouvrage sans fard ni retard.
Elle opte pour une attente sans reproches ni opprobres.
Quand reviendra donc son fier époux, tout désiré je vous l'avoue ?

A genoux, elle coud sans courroux ni frou-frou.
Sur ses joues glisse parfois une larme de désespoir.
La roue de son métier, égraine les heures de labeur qui sont éternité.

Toute peinée de l'arrogance
De ce galant imprudent,
Elle est contrainte par diligence,
De protéger un serment d'antan.

Où es-tu gentil aimé,
Toi qui m'obliges à filer
Le jour, et à m'activer la nuit
Pour toujours, revenir sur mon travail sans bruit ?

Loin de moi, dans les bras d'une autre tu t'éloignes parfois.
Tu romps notre entente que tu fus si prompt à conclure.
Cette fine tapisserie m'oblige à vivre tapie en notre logis.

Du portique des dieux du panthéon antique,
Je m'applique à la pratique d'un Dieu unique.
De mes voeux pieux à notre mère des Cieux, monte
Une prière de mes lèvres entrouvertes :

« Faites bon accueil à mes suppliques,
Que sans écueils mon tendre, à me revenir se pique.

Vierge de la mer, vous qui tendez vos bras
Aux marins dans l'embarras,
Rappelez d'un chant vif, le frêle esquif d'Ulysse
Mon mari, avant que vieillie, ici je ne périsse ».

Pampelune

6 mai 1994

Le crépuscule descend sur les brumes de la lagune,
Quelle brune me donnera la fortune de la lune ?
Là-haut sur la dune de Pampelune,
Les urnes crématoires font la joie des gloires posthumes.

Notre temps se rit des histoires d'antan
Et pourtant, le présent ment si souvent
Qu'il est navrant d'être gens du Latran.

Dieu nous a oubliés sur cette terre,
Où nous n'avons d'yeux que pour nos aïeux.
Ce ne sont que noyés fardés, que des noyers
Vont recueillir, quand sonneront les cloches à toute volée.

Quel devenir pour notre avenir ?
Tout va finir comme au soleil triste cire.
Nous serons fondus tels ces Sires du Musée Grévin,
Tout ne sera plus que chagrin.

Le temps passe et quoi que l'on fasse, trépasse notre face,
Face de carême sans crème ni strass.
J'aime cette extrême illusion, qui nous entraîne
Vers des étreintes crépusculaires sur sa traîne.

La nature est belle par elle-même,
Point n'est besoin de l'appoint
Que certains se croient obligés
D'apporter, aux coins champêtres.

La profondeur d'un tableau est une ardeur
Que toute heure du jour, met à jour.
Quelle finesse, dans ce regard de déesse
Qu'avec liesse, une prouesse laisse prendre jour.

Toronto

17 mai 1994

Notre amour ne dura que le temps d'un bonjour,
Tu étais belle toute de noir vêtue.
Tu m'es apparue, dans le soleil cru
De cette après-midi de mai.

Passant devant moi,
Tu m'as jeté un regard perçant,
Me déshabillant tout d'un plan.

Moi sur mon banc, j'étais un peu blanc,
Intimidé de me voir ainsi dévisagé.
Mais tout de suite,
Ton teint doré m'a séduit.

Quelle vie dans ce regard
Plein d'une folie toute amie,
Je me suis senti chavirer
Dans l'abîme de tes pupilles.

Survint alors, sur mon visage une rougeur
Et toi par pudeur, tu t'es éloignée sans heurts.
Moi, puni de ma langueur,
Je repris de l'ardeur.

Tu t'es assise près de moi,
Et j'ai voulu prendre ta main avec émoi.
Quel bonheur, de te toucher
Ne serait-ce qu'un instant, troublé.

Tu es belle, dans ton ensemble noir
Qui met en valeur, ta couleur ambrée.

Tu me fais songer à un buffet en citronnier,
Qu'un doux rayon de soleil primesautier
Fait luire, de reflets mordorés.

Je ne suis qu'un amant tremblant, de toutes ces promesses
Que je devine, tant dans ta finesse que dans ta hardiesse.
Quel malheur de ne pouvoir découvrir, cette ardeur
Que l'on ne peut vivre que pour notre malheur.

Je ne te propose qu'une pause,
Qui n'interpose à notre triste cause,
Qu'une prose qui se pose,
Comme sur rose éclose.

Tu n'as connu que le souffle de la jeunesse

17 mai 1994

Tu n'as connu que le souffle de la jeunesse,
Alors qu'à mon insu, je souffre déjà de cette vieillesse
Qui nous prend et nous laisse dans la détresse.

Ce ne furent qu'allégresse et promesses,
Tandis que fusent hélas faiblesses et tristesses.
J'ai mal de ce mal sans égal, qui, ça lui est égal, nous délaisse
Sur le chemin sans hardiesse, avec rudesse.

Les pensées se mélangent, s'entremêlent,
Me dérangent et me laissent pêle-mêle.
Tu garderas dans nos souvenirs le sourire insolent de tes vingt ans.
Pour nous, il est tant de songer à antan autrement.

Toutes ces choses ne sont que les reflets
Des pamphlets, que nous impose la vie.
Froideurs sans douceurs de l'hiver,
Et pourtant sur les toits, la pesanteur
Comme un feu de bois vert,
Amène une tiédeur de bonheur.

Les années passent et ceux que l'on a aimés trépassent.
Il ne reste de ces espaces fugaces,
Que des iris fanés sur une table patinée,
Par les matinées ensoleillées.

Triste chose que ces bouquets d'artistes moroses.
Ce ne sont que fleurs que l'on entrepose,
Sans que l'on se propose de donner valeur à leur métamorphose.

Les couleurs changent, nos peaux se flétrissent et
Il n'est pas d'oripeaux qui puissent leur administrer quelque chaleur.
Tout est blanc, sur ces ossements transparents
Que seule une peau, fait semblant de rendre vivants.

Demain tout sera terminé, et gamins
Nous nous élancerons dans la nuit étoilée
Comme, lors des journées de bains,
Main dans la main.

Notre jeunesse nous retrouverons,
Et pleins d'une promesse en bourgeons,
Les complices de nos prouesses nous rejoindrons.

Le visage blond de la mer

6 juin 1994

Le visage blond de la mer, t'entraîne
Loin des rivages, sur la grève de Sardaigne.
Quel est ce jour d'hiver qui nous dévisage
Et nous pousse, toujours à prendre ombrage
De la peine de notre âge ?

Un nuage haut, dans le ciel d'eau
Nous dit des mots, qui soulagent nos maux
Et sont beaux pour nos pauvres os.

Quel sondage donnera gage à nos suffrages ?
Nous aimons la plage et à tout âge
La nage, nous fait grâce d'un naufrage.

Le ciel vert réverbère une lame de fond, qui ne fonde son drame
Que sur le vague-à-l'âme d'un bateau sans rames :
« Ohé du bateau, y a-t-il âme qui vive ? »
Je fais un saut sur la coursive et je m'active
Dans l'eau vive, d'un ruisseau toujours avide de sarcasmes.

Je suis le seul être vivant de cette goélette branlante,
Je ne puis pour autant, me permettre de tenir guinguette charmante.

Comme le piano de buis sur le Titanic,
Les cuivres jouent sans se suivre, une supplique pathétique.

Tandis que la panique gagne les cabines et les salons chics,
La salle des machines combine une raison de ne pas sombrer à pic.
Même si les abysses vous lorgnent de l'oeil,
Une mauvaise lame de fond, sublime deuil,
Peut vous mener dans l'écueil.

L'eau morose et profonde de la mer, nous arrose d'une onde amère
Et nous propose, une blonde chimère
Qui vous dépose, en une tombe austère.
Rien ne subsiste de ce navire qui pour un Empire, a fait fi de la glace,
Et triste Sire, tel un vampire, s'est fondu dans la masse.

« Un iceberg Monsieur ?
Oui, merci garçon, un glaçon dans un grand verre d'eau ».

Tout est à voir en ce mystère de l'ostensoir

8 juin 1994

Il ne suffit pas de croire, mais par la prière de s'apercevoir
Qu'il n'est de gloire, que dans l'espoir de revoir
Mieux que dans un miroir, la Face sans déboires
De Celui qui pour notre histoire, a fait don de Sa vie un soir.

Quel malheur, en ces pleurs
Qu'une mère toute de douleur,
Verse pour nous sur son cœur, plein de douceur.

A quelle heure expirera, son baigneur
Qu'elle crut si souvent perdre sur l'heure ?
Son chaste époux, n'est plus là pour la consoler
Mais malgré tout, elle ressent sa présence toute aimée.

Le Calvaire de son Fils l'a laissé pantelante sur le chemin de Pierre.
Pour quelle affaire, ce coquin de faux-frère
A-t-il trahi son destin, qui était de faire paître ses frères ?

Son chagrin demeure si tenace,
Qu'elle est lasse de songer à sa place.
Lorsque son chérubin trépasse, elle s'efface
Et ne refait surface, que pour avec du lin nettoyer Sa Face.

Tout est dit, tout est fini

Et dans la nuit, c'est une étoile qui luit
Pour annoncer aux bergers, que le monde n'est plus d'ici.

Les hommes ont tourné de leur histoire une page,
Mais les présages avertissent les Rois-Mages
Qui s'engagent, à ne jamais oublier Son Visage.

Une blonde acerbe

15 juin 1994

La vie est une éclipse,
Qui nous donne envie de vivre jusqu'à l'Apocalypse.

Nous sommes les enfants d'un monde charmant,
Qui pourtant peut être navrant.
Mais ce n'est pas grave, les amants le savent,
La hargne n'est que bave.

Une salve d'amour pour au petit jour,
Connaître toujours un suave bonjour.
Mettre le feu en gerbe dans le blé en herbe,
Et par peu de verbe, connaître la superbe d'une jeune serbe.

Esthète animale, plus que pauvrette qui va mal, elle se rit,
De mes soucis et sans préavis me quitte pour un ami.
Sans nul doute, sera-t-elle féroce,
Pour à l'aurore le laisser sans forces.

Pauvre poussin égaré, il ira noyer son chagrin en quelque coin,
Puis un lointain souvenir le rejoindra sur le chemin,
De l'avenir dans un train.
Une autre blonde le consolera dès demain, pauvre Maturin,
Il retrouvera sa Gironde, sa pergola et à portée de main, ses gamins :

« Pourquoi suis-je parti loin d'ici ma mie,
Dans d'autres lits moins amis ?
Je t'avais promis de ne vivre toute ma vie que gentil et donné,
Mais une blonde acerbe vola mon blé, et me voici fauché, amour fané.

Quand reviendras-tu à de meilleurs sentiments envers moi,
Qui pourtant suis tremblant d'émoi ?
Pardonne pour une fois cette ivresse qui n'a de cesse,
Que lorsqu'elle me laisse dans la détresse.

Je pense à tes tresses,
Toi qui avec hardiesse,
As profité de ma faiblesse,
Pour devenir ma princesse.

Bonne nuit ma déesse ! »

Qui es-tu, toi mon frère que j'ai si longtemps cherché ?

28 juin 1994

Où es-tu, toi mon frère que j'ai si longtemps cherché ?
Je t'ai vu dans mes songes d'enfant,
Et quand je plonge dans mes rêves d'adulte,
Je te retrouve tel que je t'ai toujours deviné.

Nous étions deux enfants écervelés,
Heureux du nom que nous avait donné notre père.
Mon frère aîné, tu m'entraînais
Sur les sentiers de mes jeunes années.

Moi, je te suivais tout étonné
De me voir ainsi choyé.
Le sport était notre souci premier
Et nos efforts des luttes récompensées.

Je t'aime mon frère,
Tu as laissé en moi le souvenir d'une fête équestre,
Quand sur nos fiers étalons,
Nous allions d'un bon en notre maison.

La pêche nous entraînait près du torrent,
Où plus grands nous fumions nos premières cigarettes.
Le temps comme un géant,
Aspire nos deux êtres et ne nous laisse que les regrets.

Quelles adolescences charmantes,
A l'ombre de ce frais courant,
Qui nous trouvait droits comme des augustes,
Face à nos illustres rivales, les sauvages truites.

Nous étions deux, pour vivre joyeux
Nos premiers aveux.
Toi tu me soutenais, lorsque timide
Je ne savais que dire, à mes tendres sylphides.

A l'unisson, il valait mieux,
Ivres, regarder qui de nous deux
Avait la faveur des Cieux, pour
Un jour connaître l'amour.

Tu m'as manqué mon frère, et souvent je pleurais dans mon lit,
Abandonné, épris d'une fraternité qui restait muette.
Mes yeux mouillés de dépit
Voyaient planer, l'ombre d'une silhouette.

Je te connaissais mieux que quiconque, fidèle
A tes épanchements, sur mon coeur frêle
Gonflé par une affection nouvelle.

Je devinais dans ton regard, que tu comprenais
Toutes ces choses de la vie, qui pour moi semblaient
Absolues et lointaines.

J'aurais aimé au hasard des fontaines approcher de ces roses éblouies,
Dont les parfums si charnels t'étaient dérisoires.
Moi je ne vis que dans l'espoir, de te revoir
Au soir de ma vie, comme lorsque nous étions ravis.

La jeunesse nous donnerait un éclat de printemps insoumis.
Nos rêves inassouvis, hanteraient nos deux esprits
Qui tels des zombis, viendraient sans trêves
Faire mouche avec des truites en fièvre.

Merci mon frère

Quel est donc ce mariage ?

7 juillet 1994

Quel est donc ce mariage,
Qui nous éloigne des cépages du jeune âge ?
Je gage qu'il ne soit le présage,
De langoureux et sages messages.

Nous ne sommes arbitres de nos vies,
Que lorsque prédomine en nos avis
La lumière d'un favori.

Nous convolons en justes noces
Au moment où, par le négoce
Nous arborons le buste de gens féroces.

Gens de peu de foi souvent,
Qui parfois s'amusent indigents,
A agir comme bourgeois savants.

Aujourd'hui tout est dit,
Les enfants comme leurs grands-parents jadis
Vont dire oui, face à une assemblée ravie.
La cérémonie terminée, tous sur le parvis,
Vont poser pour une photographie.

Sourires en coin et de pleurs point,
Tous sourient à la perspective
Du banquet servi aux convives.

Le champagne coule à flots,
Et les jeunes compagnes roucoulent avant les sanglots.
Laquelle attrapera le bouquet de la mariée,
Qui conserve malgré les sobriquets, l'aura d'une union convoitée ?

Demain, ce seront les demoiselles d'honneur
Qui iront main dans la main,
Ombrelles au point, avec quelque charmeur
Prendre de la destinée, le train.

Toutes de majesté ensoleillées,
Elles prononceront zélées
Pour leur amour du jour, ce oui réajusté.

D'autres dans l'assistance,
Pleureront devant l'insistance
De leur cœur, à s'envoler vers d'autres circonstances.

Merci donc, mariage
Qui de notre existence tourne une page,
Et mieux qu'un mirage nous engage
Sans ombrage, vers un gage sans nuages.

Palma tu m'ensorcelles

18 juillet 1994

Palma tu m'ensorcelles.
Chez toi, les jouvencelles rêvent de l'amour
Qui nous entraîne, sur une balancelle.

Les balcons fleuris en toute saison amie,
Sont à foison de jolis colliers de douceur.
Tu veux danser sous les palmiers un boléro, qui pour bientôt
Nous tiendra, comme deux jouvenceaux près du ruisseau.

Le banc de pierres, chauffé par l'astre solaire
Rougit un peu, de nos folies toutes premières.
Que dirions-nous à la jolie fauvette
Qui s'apprête, à chanter comme clarinette ?

L'étoile polaire, avec la Grande Ourse près derrière,
Apparaît blanche comme un ours polaire.
Ce soir, la nuit a des senteurs
Toutes d'ivoire, d'une blancheur sans aigreur.

Rien ne vaut nos belles heures,
Pour à l'heure du marchand de sable
Retrouver, le décor d'un lit en herbe.

Je ne sais plus pour qui j'écris,
Mais peut être qu'un jour lointain
Une âme ravie, relira ces lignes.

Elle revivra tous les émois qu'elle connut dans un écrin de lune,
Car tout recommence, rien ne subsiste,
Tout se ressemble et tout s'assemble.
La Grande Ourse dans son chariot d'étoiles, embarque sous son voile
De frais serments, sortis d'un coin du cœur des amants.

Une mésange sur le mur haut

30 juillet 1994

Une mésange sur le mur haut me dit bravo :
« Qui es-tu, ami trop sage
Qu'un dur regard d'eau, allume sitôt ?

Tu n'es qu'un petit être né sur cette terre
Pour n'être, qu'un mammifère éphémère.

Moi, je m'envole là-haut, dans les Cieux
Près des nuages, où les dieux parfois vieux
Se tiennent assis, prêts à tous les présages spécieux.

Les portes de l'Olympe ne sont ouvertes
Qu'à ceux qui désirent, peu importe le lieu,
Atteindre des sommets de découvertes.

Mais aux yeux des envieux, est magnifié ce panthéon,
Qui ne trouvent rien de mieux que de prier, poltrons,
Ces divinités qui n'ont pas plus d'attrait qu'un phaéton ».

Merci mésange bleue, tu peux plonger dans mon regard
Et y découvrir sans fard, le sourire hilare
D'une gare bondée un matin de hasard.

Les trains sont nombreux, et les travailleurs besogneux
S'entassent dans ces wagons sans entrain.
Que ne sont-ce des voyageurs qui pour l'heure,
Rêvent d'un ailleurs meilleur ?

Ce sont des étangs qui défileront, salés
Quand il sera temps d'atteindre Béziers.
Cette ville méridionale est pourtant réputée
Pour sa froideur, qui rappelle celle des capitales pressées.

Petite mésange, chante ta louange par-dessus ces étranges individus
Et redis aux hommes, qu'ils ne sont que l'image d'un paradis perdu.

Demain, Eve sur la côte d'Adam
Entonnera un refrain que le serpent, serviteur du malin,
Reprendra à son tour pour, le coquin,
Se perdre sans trêve dans le néant.

Une petite note

31 juillet 1994

Une petite note, une petite note de musique
Qui s'en va sur les ondes claires, loin de la mer
Près d'une clairière, et qui s'enroule autour de la source.

Un vieux « do » désolé par les fardeaux,
O' mon Dieu qu'il est haut !
S'envole à vau-l'eau sur une mare,
Où de gentils canards s'affolent tout hagards.

Ici, un « la » auréolé de taffetas, égrène une heure souveraine,
Digne musique qui évoque de lointains bals de Vienne.
Les lustres de cristal cheminent dans le dédale, de ces longs corridors
Qui nous menaient au son du cor, à un bal peu banal, très joli décor.

Là, ce ne sont que quelques mélodies
Qui ravies, nous témoignent sans soucis
De leur fraîcheur toute matinale,
Telle une campagne de cocagne.

Un « ré » oublié, s'évapore dans les champs
Comme une pensée, volée au fil du temps
Qui n'est que le garant, d'un étrange serment.

Ici-bas, les nymphes sont de dociles compagnes
Qui nous témoignent à leur avantage,
De tous les drames de l'humanité, dans un tranquille étalage.
Une chevelure brune, toute échevelée dans la rosée
Et de longs yeux marrons, nous regardent avec curiosité.
Mais la vérité se trouve dans le ciel étoilé
Qui nous éclaire, de sa blanchâtre clarté.

L'astre lunaire, dans sa lumière sommaire
Entraîne les esprits des jeunes poètes,
En des contrées bien éphémères,
Loin des rivages de nos saisons premières.

Il faut le taire lorsque, tout comme deux frères
Nous rêvons de la même réalité.
Ce ne sont que doux songes, évoqués
Lors d'une soirée toute d'amitié.

Un peu d'espoir, nous pousse à croire
Que notre histoire n'est pas dérisoire.

Nous sommes dans un jeune square,
Marchant à tâtons face à la faible clameur
Que réverbèrent, les bruits de la cité proche.

A l'instant, c'est un bal populaire qui allume
De ses lampions tricolores, le tumulte
D'une tribune commune.

Ces fastes, ne sont que le désastre d'un verre
De l'amitié bu avec iniquité.

                Vive la liberté, l'égalité et la choucroute !

Sur l'échevin

23 août 1994

Sur l'échevin s'égrènent les heures de mon bonheur.
Elles traînent, comme tout à l'heure les parfums de ces roses en fleur,
Qui ne mettent en valeur leur charme
Pour ne séduire, que de gentes dames vêtues de plumes en chamade.

Ce vieil olivier près de la fontaine, est un ami qui depuis des années
Se moque, des dizaines de vies qui se sont rassemblées
Là, charmantes sous ses ramures ensoleillées par un pâle soleil gelé.

Cette douce nuit, nous entraîne par delà les vertes ramées
Près des tranchées oubliées, depuis
Qu'est terminée cette dure veillée d'armes.
Les saignées creusées par les armées, sont ensevelies
Sous les branchages, qu'habitent aujourd'hui des oiseaux sauvages.

Les petits tombent de leurs nids, et se retrouvent tout endoloris,
Le coeur meurtri, sur ces pavés durcis par les cris
Des ennemis, trépassés au cours des conflits.

Pourquoi devons-nous combattre un fermier
Qui, au long des décennies cultive ses poiriers
Dans la contrée de ses aînés ?

Nous sommes tous enfants de même firmament,
Attachés à notre terre natale, qui sans
Egards nous ramène à elle, tel un aimant.

Le clocher est dit-on si attractif, qu'il est taxé sans peur
D'un pouvoir de souvenir qui nous rappelle le sourire des belles heures, Quand à l'âge des culottes courtes, sonne l'heure
De prendre son quatre-heures, et de franchir le gué sans heurts.

Pas de pleurs en ces jolis coeurs tout emplis de ferveur,
Quand sur leur joue, une mère en fleur
Appose un baiser, avec douceur.

Leurs baigneurs gardent de si bonnes couleurs,
Qu'ils iront au rendez-vous matinal du Sauveur,
Qui sèche les larmes des enfants de coeur.

Notre Seigneur empreint d'une patiente candeur,
Réunit à Lui tous Ses enfants dans le malheur,
Pour les conduire tel le Bon Pasteur,
Sur les chemins du Bonheur.

Au téléphone
27 août 1994

Gentille amie de la nuit,
Comme j'aimerai vous écrire ces mots jolis aujourd'hui.
Ils sont gravés dans mon cœur, depuis
Que pour la vie nous nous sommes dit « oui ».

Nous demeurons tout ouïe l'un envers l'autre, qui
Peut garder pour lui, tous les serments prononcés sans souci.
Quelles heures impatientes ai-je vécu quand, pendu au fil
De mon téléphone je venais vous éveiller, lorsqu'endormie
Vous rêviez d'un autre promis.

Fidèles au poste, nous restions des heures durant
A nous écouter l'un l'autre, déblatérer nos ennuis ou nos folies.
Quelle paix trouvions-nous, dans ces discours sans compromis
Où nous ressentions, ce que l'autre avait omis de décrire, complices.

Nos chemins se sont croisés, le jour
Tout aimé du Seigneur, et ma Confirmation fut l'occasion
D'une union toute de piété, qui trouva son diapason
Lorsque l'oraison nous mena, doux compagnons,
A la guérison d'une maladie pleine de suspicion.

Notre communion, n'est pas remise en question
Par de simples soupçons de trahison, car nous savons
Que quoi que nous fassions, notre raison

Nous ramène, pleins de confusion
Et d'abandon dans le giron du second.

Les années qui nous séparent, se sont envolées
Face aux activités que nous avons exercées de quinconce.
Ce sont dilemmes, qui appartiennent sans en douter
A l'Auteur de nos vies, qui peut nous les ravir sans semonces.

Nous nous sommes retrouvés pour toi

27 août 1994

Nous nous sommes retrouvés pour toi en ce jour.
Tu étais notre destin, notre ami et notre fierté.
Nous avons vécu des moments inédits à tes cotés,
Merci de tant d'années données à nous aimer toujours.

Ce soir, un goût bizarre reste dans ma bouche.
Est-ce celui d'un quelconque regret
Qui s'insinue dans mes pensées,
Face à ce monde délaissé par ta destinée ?

Non, ce ne sont que de vagues reflets
Engendrés par je ne sais quelle idée oubliée.
Merci ami gentil, pour toutes ces années que nous vécûmes
Comme de jeunes adolescents éperdus.

Ce jour tous tes amis sont là fidèles,
Non pas à ton souvenir, mais à ta personne.
Chacun en son for intérieur, se remémore
De tendres souvenirs, vivaces encore.

Mais quels seront-ils dans quelques années,
Quand fanés nous nous retrouverons, autour d'une tablée
Avec nos idées surannées ?

Moi, je ne serai que vieux grivois
Qui ne pense qu'à soi.
D'autres comme Christian, auront, mariés,
Bien des préoccupations, occupés à soigner leurs nouveau-nés.

J'espère que cette rencontre annuelle ne sera pas de courte durée
Et que chacun aura à coeur d'y participer.
Un autre, un jour prendra la relève
Face à mes forces, qui ne m'offrent qu'une trêve.

Mais le Bon Dieu y pourvoira, et tachera d'agir
Au mieux de Sa volonté, pour Sa plus grande gloire.
Pardonnez-moi Seigneur, pour cet orgueil qui me fait dire :
« J'ai réuni les amis de Michel ».

Si cette pensée me vient à l'esprit,
C'est parce qu'au fond de moi, vit
Un petit enfant seul, dans une chambre d'hôpital au fond de son lit,
Rêvant d'un ailleurs, d'un paradis.

Ce pays, je l'ai trouvé le jour où vous avez
Bien voulu me convier en ce lieu tant aimé.
Merci pour ces amis choyés
Qui sont pour moi, tels des frères retrouvés.

Ce soir tout est calme, et seul
Je vais m'asseoir auprès de la fenêtre.
Une bouffée de désespoir transperce mon âme entrouverte.

Je suis en pleurs, et pourtant un sourire rieur embaume cette histoire.
Nous ne cesserons pas de croire,
Michel, en ta présence toute d'espoir
Au milieu de nos déboires.

Réunis-nous encore souvent, au coin de ce feu
Entretenu par la vivacité de l'amitié.
Fais-nous redécouvrir le don de l'amour fraternel,
Afin que pour nous la vie soit demain belle.

Comme à la fin d'un bel été

28 août 1994

Comme à la fin d'un bel été tout est à recommencer,
Et il ne nous faut plus compter que sur nos tendres souvenirs.
Le froid nous gagne déjà et nous ne sommes pas faits
Pour cette existence qui va finir.

Une fauvette sur la branche de lilas, en cadence prend sa revanche
Sur le temps écoulé, qui ne fut que douleur amère
Lorsque, revenant d'une campagne militaire
Les hommes ne pouvaient plus parler de la guerre.

Que de cauchemars enfuis en leur for intérieur,
Qui ne ressurgissent que les soirs de cafard
Quand blafards, ils s'en retournent près du quai, hagards.

A la recherche d'une silhouette perdue en cette gare,
Ne s'égarent plus que de jeunes fiancés avares
D'un baiser volé, emporté par la nuée d'escarbilles
Qui n'habille plus que de maigres cheminots, habiles.

Tous les sentiments humains se mélangent
En ces moments, pleins d'un besoin de mémoire étrange.
Où sont les chefs de gare et les chars
Sur lesquels, on déposait sans histoire une malle pour Dakar ?

Ces lieux aimés ont disparu aujourd'hui
De notre trajectoire, et ne nous restent dans la nuit
Que de vieux exilés fourbus, pleins de désespoir face à l'ennui.

La France et son Empire Colonial se sont évanouis,
Comme à la fin d'un rêve éveillé.
Rien ne pourra ramener cet été qui va mourir.

Une fleur épanouie est morte ce matin

2 septembre 1994

Une fleur épanouie est morte ce matin,
Un danger plein d'épines l'a fanée.
Pourquoi donc tous nos bourgeons doivent ils subir
Le même sort, face à cet envahisseur qui n'a peur de rien,
Si ce n'est de son propre malheur ?

Une rose éclose doit s'épanouir, grandir
Avant de se reproduire à son tour, si elle en a le loisir.
Son parfum doit embaumer ses voisins, ses cousins
Et leur faire connaître sa valeur, son dessein.

Mais notre temps est rempli de bandits, qui malappris
Mettent à sac nos parterres de roses, les piétinent
Et leurs forfaits accomplis, tout ravis de leurs crimes, s'enfuient.

Quand donc reviendra le temps, où les amants
Se promettront un amour éternel, après avoir vécu chastement ?
Leur bonheur connaîtra toute sa splendeur
Quand sonnera l'heure, de s'agenouiller devant le recteur.

Cet irremplaçable sacrement est le garant d'une vie désirable,
Guidée par la providence charitable.

Redonnez rang mon Dieu, à cet ineffable serment,
Afin que, revivifié dans l'âme des jeunes gens,
Loin du silence de leur alcôve, il retrouve la place qui lui est due
Pour Votre plus grande gloire et leur salut.

Mon pays tant aimé où es-tu ?

12 septembre 1994

Mon pays tant aimé où es-tu,
Toi qui fus la fille aînée de la Chrétienté ?
Où sont passées ton insouciance, ta jeunesse,
Quand tout n'était que beauté et hardiesse ?

Un Saint Louis nous a mis sur le chemin
De la vérité, face à notre destinée éternelle.
Ce bon roi, à l'ombre de son chêne
Rendait une justice éclairée, paternelle.

Une petite bergère partie de Domrémy, provoqua un sursaut salutaire
Qui permis à notre patrie, de retrouver sa dignité
Et sa souveraineté, menacées
Au cours d'une guerre centenaire.

Puis, l'astre solaire a lui en nos contrées désordonnées
Par la fronde, de notre noblesse embourgeoisée
Et un jansénisme tout d'austérité.

Les Princes de Condé, sont revenus
Matés par un souverain providentiel,
Au sein d'une couronne pleine de fermeté.

Ces Messieurs de Port-Royal ont reconnu l'Eglise Catholique
Romaine, même si quelques vieillards sarcastiques
Restèrent accrochés, à des pensées schismatiques.

Après un rayonnement au zénith, des révolutionnaires
« Allumés », ont amené la discorde et la misère
Au sein de notre terre nourricière.

Le démon a submergé les esprits,
Dévoyé les petits et guillotiné
Notre Souverain martyrisé.

Aujourd'hui la France est pareille à ce
Navire de prestige - fut-ce prédestiné ? - baptisé « France ».
Gloire déchue d'un Empire sabordé,
Il règne en maître dans les eaux troubles d'un port yankee.

Rouillé jusqu'à l'extrémité, il est condamné
A sombrer corps et âme dans cette jetée.

La France, elle, gangrenée jusque dans ses vallées
Les plus retirées, va noyer beautés et spécificités,
Au sein d'une communauté réprouvée.

Ne m'appelez plus jamais « France »,
France, qu'as-tu fait des promesses de ton baptême ?

Cormorand

17 septembre 1994

J'aimerai retrouver ma vieille maisonnée,
Où les soirées d'été n'étaient que douceur sucrée.
Les nuits de pluie nous laissaient ravis,
Puisqu'au lit nous étions à l'abri.

Le vieil appentis, près du cagibi
Chantait une chanson, que rythmait le bruit
Des gouttes de pluie,
Descendues du ciel sur notre logis endormi.

Où sont ma prairie et la porcherie qui faisaient partie de notre vie ?
Les orties fournies et les odeurs fétides,
Donnaient aux samedis après-midi un sourire poli.

La vieille micheline, sur sa ligne rouillée
Sifflait ravie, un air bien particulier.

Et moi, dans mes rêves de petit grandi
Je voyais ce décor s'élargir, prendre des proportions nouvelles,
Emporté dans la ronde des éternelles silhouettes,
Qui venaient m'éveiller au milieu de ces nuits humides.

Notre amie la pluie lavait les toits et les soucis avec une mine ravie.
Pauvres ou riches, elle aimait, pareille,
Lécher nos aspérités et rendre à la terre un aspect rajeuni.

Les relents d'un vieux placard, odeur de naphtaline,
Embaumait la cuisine de son antimite défraîchi.
L'obscurité nous laissait transis, blottis comme des canaris
Sous une capeline, jaunie par les intempéries.

Pourtant nous étions avides de rejoindre cette amie,
Qui loin de Dardilly, nous entraînait sur les prairies fleuries.
Cette maison n'était pas un donjon mais un plongeon
Dans les souvenirs que nous affectionnions.

Ses fantômes, heureux de pouvoir nous effrayer
Venaient nous rencontrer, quand à la veillée
Nous parlions du passé.

Le Suran par son chant troublant, ne nous était pas moins rassurant
Car il portait en lui, toute la vie d'aujourd'hui et les histoires d'antan.
Merci Cormorand pour ces moments bien excitants,
Qui malgré le temps restent présents dans nos mémoires d'enfants.

Une peste moribonde a failli vagabonde, entraîner tout le monde
Dans une tombe où, succombent même les blondes du « monde ».
Mais notre hameau a survécu, tel un plumet
Au dessus de la mêlée vaincue, et à nouveau tout renaît.

Depuis le moyen-âge les corps mourants
Hantent nos jeunes âges,
Quand à l'heure du potage,
Les grand-mamans content ces romans.

Tout penauds, nous nous tenons à carreaux
Face à ce fléau, qui n'aura pas trop d'un saut
Pour enjamber le ruisseau, et revenir comme un sot dans un sursaut.

Prenez garde enfants sages,
Dormez avant qu'un nuage n'apporte l'orage,
Qui je le gage, vous emportera dans ses bagages
En d'autres bocages, plus sauvages.

Arriverai-je un jour enfin à oublier ta présence ?

16 septembre 1994

Arriverai-je un jour enfin à oublier ta présence,
A annihiler ta souffrance et à ne vivre que pour l'été ?
Je fuis ces nuits cendres où, entremêlés nous nous sommes aimés.
A ne savoir lequel surprendre, nous nous égarions dans l'insouciance.

Moi, je suis fait pour dormir
Au fond de l'onde, qui se morfond
Loin des humeurs vagabondes, et du bruit que font les ombres.

Que ne suis-je un poisson, chat qui joue à la souris
Avec une sirène jolie, qui ne vit que dans mon esprit ?
Où vont donc tous ces bateaux au cours de l'eau,
Qui ne fondent leurs mouvements que dans le sillage des roseaux ?

Un crapaud, bel ami, attend le baiser d'une belle
Qui ce soir peut-être, lui apportera son aide.
Ce n'est qu'un prince charmant avec des allures d'antan,
Qui vit dans cet étang depuis mille ans.

Une sorcière, vieille commère, l'a transformé en bête immonde,
Triste amoureux d'une blonde,
Pauvrette inquiète, seule dans sa maisonnette
Qui ne vivait que pour un peut-être.

Aujourd'hui les eaux profondes se sont ouvertes sur le monde,
Et ses habitants en une seconde,
Ont retrouvé leur sourire face à cette ronde féconde.

Serai-je un jour jeune marin, habile toujours de ses mains,
Qui suivrait les vents marins pour aller vers demain ?
Ce seront des pêches sans fin, que ramèneront les filins
Qui chaque matin pleins d'animaux marins, rassasieront les gamins.

Merci pour cette eau qui surabonde, où tout revit, où tout succombe,
Selon que l'on soit attentif ou non, à ses aspirations profondes.

Une sirène sans teint me tint un jour ce langage :
« Qui es-tu ami volage, pour ne venir qu'après l'orage ?
Les nuages m'avaient prédit une bourrasque sans réplique,
Qui devait emporter ton mât en une minute fatidique ».

Mais ce ne sont que bavardages pour les gens de nos âges,
Seuls les enfants sages peuvent entendre ce verbiage.

Quel naufrage pour le village, les poissons-chats se sont enfuis,
D'autres rivages les ont séduits et nous voila, sur le dallage
A contempler l'image, d'une vie qui se finit
Sans un bagage, sans un ami, adieu mirages…

Le vent souffle à perdre haleine
24 septembre 1994

Le vent souffle à perdre haleine à travers les persiennes,
La maison s'envole et moi je rigole.
Elle s'en va rejoindre les nuées d'oiseaux écervelés qui
Loin des vertes ramées, s'approchent du firmament si grand.

Les volets claquent, un sifflet hurle au travers des serrures
Qui laissent passer, un filet d'air pur entre ces vieux murs.
Le soleil éclaire d'une lumière crue,
Les rideaux de dentelle écrue.

Ce vif faisceau de clarté, allume avec bonté
Les meubles noueux de la maisonnée.

Tout renaît face à cet appel du ciel
Qui, non content de mettre le feu rouge fiel
En nos intérieurs feutrés, redonne à une nature gelée
L'aspect d'un bel été de miel.

Douceurs sans froideurs, qui telles un leurre font leur
Ce changement d'heure, qui surviendra dans quelques heures.

Les arbres au dehors dansent avec les feuilles d'or,
Déjà ce sont valseurs d'une ronde effrénée du temps qui meurt,
Puis renait avec la fronde d'un matin printanier, primeur.

Mois d'avril qui agile tisse les fils d'une nature en bourgeons,
Laquelle au temps des lilas blancs,
Telle une tapisserie ouvragée d'Aubusson,
Fera revivre des couleurs subtiles usitées antan.

Un couple d'amoureux a disparu

24 septembre 1994

Un couple d'amoureux a disparu.
Ce sont comédiens d'un temps ancien,
Qui se sont aimés à corps perdu.
Chacun d'eux a fait siens, la vie de l'autre et son destin.

Aujourd'hui c'est un théâtre creux qui s'offre à nous,
De vedettes point, mais de soubrettes plein.
Depuis, de vieux albâtres ont, dans leurs coffres d'acajou,
Rangé les opérettes bien, remplacées par des piécettes de rien.

Renaud et Barraut, du haut de leurs tréteaux
Avaient attiré sous leurs chapiteaux un public nouveau.
Leur théâtre fut la scène d'évènements originaux,
Ouvert sur la place publique au cours de tournées mythiques.

Que sont devenus les enfants du paradis
Qui se sont aimés toute une vie, malgré une critique peu amie ?
Ils ont défié le temps, dépassé les modes asservies,
Choyé le printemps et assumé leurs envies.

Madeleine plus belle qu'une reine
Avec ses grands yeux pleins de peine,
Du Français à la Madeleine, en passant par Suresnes,
A exercé ses talents sur des scènes parisiennes.

Jean-Louis réalisateur d'un théâtre d'avant-garde,
Montra sa valeur dans le maniement des acteurs.
Parti le premier au mois de janvier, il laissa sa bien-aimée
Toute en pleurs sur le seuil de l'éternité, jusqu'à la fin de l'été.

Anéantie par la destinée, elle se laissa aller
Jusqu'à ce qu'elle meure, alitée dans un hôpital étranger.
Aujourd'hui, ils sont réunis dans la nuit
Et bientôt l'oubli va recouvrir leurs deux vies.

Un couple d'amoureux s'est enfui.
Ce sont les baladins d'un printemps sans fin,
Qui se sont voués pour la vie
Un amour infini et ravi.

La belle aux Terreaux

25 septembre 1994

Si tu vas là-haut avant moi,
Dis leur que je ne les oublie pas.
Tu trouveras tous ceux qui pour moi,
Ont marqué mes premiers pas.

Dis bonjour à Tatan Berthe, qui telle une jolie colombe
S'enfuit par la fenêtre, pour rejoindre l'azur toujours plus pur.
Je l'ai aimée, comprise et entourée du mieux que j'ai pu,
Malheureusement j'étais trop en avance
Sur mon âge, et la naïveté m'a rattrapé.

Je n'ai pu suivre ses derniers moments comme maman
Qui lui apportait, une affection pleine de sentiments.

Nous vivions tous deux, comme des enfants
Comprenant le même sens de la vie, de ses tourments.
Chacun de nous a souffert en son temps, donnant
Des accents troublants à nos instants si grands.

Merci chère Tatan pour tes baisers, marquants
Jusque sur ma joue d'adolescent,
Une auréole sucrée qui me laissait rougissant.

Rue d'Algérie, tu vivais dans cet univers
Qui était pour toi l'image de ton printemps,
Lorsqu'avec Christian et ton galant, été comme hiver,
Vous passiez les trop courts instants
D'un bonheur que tu voulais permanent.

Alors la vie t'a laissé seule,
En conflit avec ton fils pourtant si attachant.
Vos deux caractères, vous aviez beau faire,
Ne pouvaient que se défaire, puisque vous étiez tous deux de fer.

Néanmoins, je suis persuadé qu'au fond de vous,
Vous vous chérissiez d'un amour profond.
En moi, petit enfant branlant, tu as retrouvé cet être,
Qu'il t'était si difficile de connaître.

Tu es la fleur de mon enfance,
Le soleil qui éveilla ma triste mine meurtrie,
Aux beautés de ce monde enchanté.

Tu étais chaque jour rayonnante en tes ensembles,
Toute pimpante d'une fraîcheur, qui ne porte aucune valeur
Au nombre des années et, parée d'une permanente parfois ratée...

Merci pour ces beaux jours enfuis,
Qui à jamais me rendront ravi
D'avoir vécu, en la compagnie
D'une si charmante amie.

Ton exemple de courage et de dignité, face à la maladie
Et aux adversités de la vie, m'engage à ne pas faire naufrage
Même si le poids de ton absence, me submerge
Souvent, lorsque je nage dans l'eau trouble de mon entourage.

A Dieu soleil de mes songes, qui me replonge en ce temps si proche.
Si tu vas là-haut, pense à moi
Et prie-les, pour qu'ils ne m'oublient pas.

Champagne

28 septembre 1994

Les enfants sont parfois cruels,
Ils abandonnent père et mère pour d'autres chimères,
Quelques rêves éphémères
Qui les entraînent, abjectes, dans d'amers cratères.

Quelle dureté en ces petits êtres si frêles,
Qui pourtant sont voués à être fidèles,
Face à leurs membres grêles,
Qui inspirent la douceur du miel.

Chacun vit dans son paradis,
Qui n'est seulement qu'un endroit bien petit,
Oublié des adultes grandis.

Une pauvre pensée fugitive, vous emmène active
Au pied de cette maisonnée massive, qui ravive
Passive, les souvenirs d'une enfance naïve.

Les volets verts s'ouvrent l'hiver
Et se ferment l'été, pour se prémunir de la lumière.
Le soleil joue avec les ombres,
Dans la pièce vermeille et sombre.

Ce sont deux enfants, qui tels des princes charmants,
Dorment nonchalants sur le pan
D'une courtepointe, tombant sur le tapis blanc.

Il est trois heures sonnantes à la vieille horloge d'antan,
Et pourtant les mamans prennent leur temps,
Pour venir réveiller leurs brigands turbulents.

Elles boivent leur Nescafé, et ne cesse de s'esclaffer
En songeant, aux vocations futures de leurs nouveau-nés.
L'évocation de ces situations burlesques, fait naître
Entre elles une affection toute de compréhension.

Et ce n'est que satisfaction, lorsqu'avec confusion
Elles retrouvent les fruits de leurs unions,
Eveillés dans l'effusion.

Consternation pense t'on non sans raison dans cette maison,
Ils deviendront deux garçons tout blonds,
Et seront compagnons pour de bon, sans façon.

Combien de fois sommes-nous morts ?

A Cormorand, septembre 94

Combien de fois sommes-nous morts
Dans notre corps et par nos actes ?
Nous n'étions rien et nous ne sommes rien par nous-mêmes,
Que la solitude est difficile à porter...

Les années passent et nous voici encore las,
A ressasser les choses, à aimer et à étreindre
Par la pensée, ceux qui nous sont chers.

Qu'il est dur de ne pouvoir parler, de s'exprimer
Et de dire tout simplement « je t'aime » à sa mère.
Un tableau est là pour vous rappeler
Un paysage, un lieu et une époque.

Que n'ai-je pas connu ce grand-père qui portait un canotier,
Et avait fait la « grande guerre » ?
Combien je l'aurai aimé, entouré,
Il me parlerait comme le frère que je n'ai jamais eu.

Il est là à côté de moi, et en même temps si absent.
Je parle à des ombres, des esprits qui vécurent ici.
Que de drames ont pu se tramer là, et de joies aussi.

Je ne suis pas de ce temps, je suis d'ailleurs,
Là où l'honneur et la foi sont les deux raisons d'exister.
Ici tout bouge, change et pourri,
Nous vivons dans un monde en pleine décomposition.

Les gens ne se reconnaissent plus,
Ils ne s'aiment pas eux-mêmes,
Morts de peur et en même temps cherchant à se conserver.
Mais qu'est-ce que la vie sinon un passage,
Une étape vers l'harmonie absolue,
La paix céleste auprès de notre Douce Mère,
La Vierge Marie et de son Divin Fils, notre Seigneur ?

O mon Dieu, qu'il est long le chemin.
Ma solitude est ma croix et je Vous l'offre.
Montrez-moi le bout du tunnel,
Ne me laissez pas croupir dans mon péché mortel.

Je ne suis qu'un lamentable vermisseau,
Qui rampe pour se montrer et se pavaner.
Mon Sauveur, délivrez-moi, du Mal
Et de cette enveloppe terrestre, si sujette à Vous offenser.

Combien les hommes seraient heureux
S'ils se soumettaient à Vous.
Quel divin esclavage !
Il est la seule liberté concevable et salutaire.

Mon Dieu, faites de moi Votre Ministre
Et donnez-moi le courage de Vous suivre vraiment...

Moïse sur les eaux vives

Septembre 1994

Moïse sur les eaux vives,
Devise de la terre promise.
Au loin devant lui, les eaux se retirent
Et le laissent passer à sa guise.

Le ciel rouge fiel, s'embrase
Dans une extase sans emphases.
Le soleil rejoint la mer et sans pareil
En son sein, sommeille.

Des cris dans la nuit,
Ce sont les fils de Pharaon qui s'enfuient
Vers les rives voisines, engloutis
Par les eaux qui s'acheminent en leur lit d'origine.

La prophétie de Yahvé s'est réalisée,
Et ces damnés ne peuvent s'en prendre, qu'à leur vanité
Dans leurs calamités.

Ton visage m'engage sur d'autres rivages

8 octobre 1994

Ton visage m'engage sur d'autres rivages plus sauvages,
Loin des coquillages de Carthage que des pages,
Enfants sages, transportent dans leurs bagages.

Ils s'engagent à ne pas oublier le sillage de leurs villages,
Quand, perdus en quelques naufrages
Ils rêvent à leurs plages, quel dommage !

Ton regard pur, dur comme l'azur
M'assure, que je puis être sûr
De toujours trouver, refuge en ta masure.

Mais ce n'est pas gageure, que de s'assurer de la ramure,
Avant de dégrafer la parure.
Ton émoi est pour moi un acte de foi
Qui parfois, me rend sûr de moi.

Merci pour ces couleurs, dont la valeur
N'est pas dans la lueur, mais dans leur profondeur.
Ce sont sœurs, qui pour l'heure font leur
Une pesanteur, née de la chaleur des heures.

Ta chevelure, belle comme le blé dur
Inspire je te l'assure, bien des moissons futures.

Ton visage est pour moi le gage, d'un voyage
Sans nuages au pays des Rois-Mages,
Qui n'oublièrent pas l'image de l'Enfant sage.

Chaussures de dames

15 octobre 1994

Où sont passés les bruits des femmes,
Quand sur le macadam résonnaient, sans vacarme
Leurs chaussures de dames.

Aujourd'hui, ce sont quidams
Qui sans blâme, jouent des mélodrames
Sans trame ni flamme.

Les rémouleurs en leurs heures, avec vigueur
Animaient d'une clameur sans heurts,
Les rues dépourvues de moteurs.

On entendait leurs tours avec leurs roues de velours,
Redonner jour à des instruments de toujours.
Quel silence, en ce temps où sans perdre un instant
L'enfance, vous entraînait sur les sentiers de la pénitence.

Le bon curé, après avoir célébré le sanctifié du jour,
Lisait son bréviaire sans s'en faire,
Au long des chemins de pierres.

Il croisait le boulanger, qui dans sa tournée visitait chaque maisonnée,
Où les gens affamés, convoitaient sa fournée de la matinée.
Deux chevaux cendrés tiraient sa charrée, bondée de blé levé.

Le facteur monté sur son vélo crieur,
Connaissait tous les hameaux, et apportait les mots
Doux aux coeurs des jeunes jouvenceaux.

Qu'il était léger en son équipée,
Et semblait s'envoler quand à l'approche des bien-aimées,
Ses guibolles s'emballaient en une frivole envolée.

Tous ces gens d'un même pays, dame !
Reconnaissaient l'autorité du gendarme,
Qui sans faire de drame, tenait sans alarme
Toutes les femmes, victimes de son charme.

L'instituteur en sa demeure, prenait garde
De former la jeune garde, à l'amour d'une cocarde
Laïcarde, de peur que ne tarde
Le jour, d'une harangue revancharde.

De nos jours, ce sont les moteurs à explosion
Qui rythment nos saisons, et quoi que nous fassions,
Les sons que nous aimions sont partis, vagabonds.

La dame de Lieu-Dit

19 octobre 1994

Lazare mon ami vous en souvenez-vous ?
Nous étions tous deux partis dans la ronde effrénée du temps.
La vie n'était que folies, lorsque nous convoitions l'envie.

Je ne suis aujourd'hui qu'une vieillerie, qui rit de se voir ainsi
Ensevelie sous les ruines de notre amour, fou malgré les ans.
Merci pour ces moments si touchants quand, venant à Milan
Nous habitions ce joli palais si bien garni.

Des niches et des vases jalonnaient les murailles de ce charmant sérail,
Et les couleurs resplendissaient quant, à l'approche de la nuit
Le soleil luit, d'une clarté inouïe.

Voici revivre en ma mémoire
Tous ces soirs, que nous vécûmes avec espoir.
Le noir m'emporte, dans ces couloirs
Où nous courions après la gloire.

Ici, depuis ce n'est que calme et ennui.
Moi j'ai vieillie et je suis transie,
Flétrie comme un fruit pourri.

Je ne ravive que des images qui m'ont ravie
Dans le vent jadis, mais ces beautés
Qui m'entourent ne sont que vanités.

Seul un tableau, O' qu'il est haut !
Me réveille dans un sursaut.
Je retrouve ma vie passée,
Mon émoi envolé.

Nous étions jeunes, nous étions fous
De croire que toujours, serait notre existence
Qui pourtant, nous a comblés de sa suffisance avec prudence.

Et sur l'instance des jours qui dansent,
Tout recommence en Provence.
Adieu Milan, bonjour la France,
Qui ne me laisse de sa présence qu'un goût d'absence.

Ma seule richesse, mon seul bien
Dans cette vieillesse qui finit bien,
Ce sera l'espoir, la liesse de savoir combien
Notre faiblesse nous convient, face à la petitesse de nos biens.

Seul Dieu ranime les esprits,
Et sans bruit renoue ravi,
Les êtres qui s'aimaient et se sont perdus
Par la fenêtre de la mort.

Dans Sa grande bonté tout ressurgi,
Tout s'anime dans nos esprits.
Pauvres souvenirs toujours repris
Et arrangés, selon qu'on les vit.

A bientôt Lazare, mon doux époux
Je suis à vous, et sans courroux
Je reviendrai vers vous mon jaloux…

Moi je suis triste de voir mourir

26 octobre 1994

Moi je suis triste de voir mourir
Tous ces villages de mes souvenirs,
Lorsque je vivais pour l'avenir.

Depuis, tout s'est évanoui dans un oubli sans répit, car voici
Qu'avance avec mépris, le temps qui passe sans faire de plis.
Nous sommes tristes face à cette vie, qui n'en finit pas de vomir
Toutes ses folies et ses envies, d'une existence qui va mourir.

Voici qu'aujourd'hui, est né un monde sans rires
Ni sourires, où sonne l'hallali de notre pays chéri.
Ses beautés sont broyées dans les fosses de la laïcité,
Après avoir perdu le sens du sacré, pour n'écouter que des damnés.

Alors les hordes de loups ont sabordé nos contrées,
Dévoyé nos aînés pour ne nous laisser
Que nos villages, dévastés pour pleurer.

Le monde paysan est pourtant un élément si important,
Qu'il est navrant de vivre sans ce ferment de notre sang.
Nos campagnes ont pris un chemin de cocagne, sans but ni trame
Et connaissent, pauvres compagnes, bien des drames.

L'Esprit-Saint semble absent du bon sens si épris
De justice, qui caractérisait notre patrie.
Ses rois sont guillotinés, spoliés
Et abandonnés aux abonnés absents.

Quand donc le Seigneur nous enverra t-Il une âme sans peur,
Toute auréolée de candeur et de grandeur, pour qu'à l'heure
De notre heure dernière, sonne le glas de nos pleurs ?

Merci pour ce message d'amour,
Qui sans cesse donne jour à un bonjour.
Jour de joie et d'allégresse, pour ceux qui parfois
Vivent dans la détresse et le désarroi.

Il n'est de richesse, que dans la promesse
De trouver sans crainte, une douce caresse
Dans le Saint Sacrifice de la Messe.

Montplaisir

29 octobre 1994

Ce n'était qu'une simple, une sainte jeune fille
Qui ne vivait que pour la vie.
Elle était toute surprise, de se voir si jolie
Au fond de son coeur si petit.

Merci pour cet amour, plein d'une sainte folie
Qui a donné à celle-ci, le pouvoir de dire « oui ».
Avec ses quelques brebis, elle était tout l'après-midi
Partie en quelque prairie fleurie.

Comme elles, elle retrouvait ses voisines
Qui toutes gamines, priaient la Personne Divine
De toujours leur accorder bonne mine.

Ces célestes litanies faisaient suite aux Complies,
Quand à genoux sous les odorantes glycines,
Elles se divertissaient de comptines.

Que d'espoir en ces franches pensées
Qui rêvaient, pour la France du bonheur retrouvé.
L'anglois, hors de France bouter,
Etait leur unique volonté.

Le Dauphin sur le trône monté,
Redonnerait à ses contrées raison gardée.
Mais pour cela il convenait à Orléans aller,
Pour défendre la légitimité.

Une pauvre bergère, éclairée par les divines nuées
A, sur son destrier chevauché
Pour, son souverain rasséréner sur sa parenté.

A la tête des armées refondées et évangélisées,
Elle traversa contés et duchés,
Pour à Reims couronner l'héritier.

Merci pour cette équipée qui finit sur un bûcher,
Avant de se voir réhabilitée.
Les oeuvres de Dieu, sont ainsi tournées
Qu'elles ne nous laissent rien deviner, de leurs finalités.

Seuls, animés par une foi transcendée,
Nous pouvons dessiner les divines volontés.
Merci pour Votre Amour, qui toujours
Se fait jour, aux instants les plus lourds.

Mais où courrons-nous ?

Octobre 1994

Mais où courrons-nous, si loin de tout dans les thous ?
La nuit est là, tout près là-bas,
Si proche et si absente.

Les arbres bruissent dans le vent d'automne.
Les oiseaux frissonnent et je ronronne tout contre toi :
Tu es ma lumière, mon doux soleil sans pareil.

Je suis éphémère et notre amour, tout autant que la chenille
S'enfuit comme un papillon au gré des saisons.
Le bal céleste s'anime, et me voici le temps d'un quadrille
Empli de sel à foison.

La vie est-elle une vaste ronde où au soleil tout surabonde,
Avant qu'au crépuscule tout succombe ?
Dans mes voyages je t'emporterai, et tout éveillé
Je rêverai à ces amours sans félicité.

Que pensent-ils de moi là-haut, parfois
Plein de bourgeois et de jambes de bois ?
Ici-bas tout n'est que carquois.

La lune s'éclaire et dans nos verres
Une lumière toute de vert vêtue se réverbère.
Le temps s'écoule et dans mon lit, abandonnée,
Non pas Orphée, mais Daphnée ?

Tu me crois près de toi à te mirer,
Mais je songe que par le passé, en vérité
Je me serai affublé, bien d'autres compagnes
Plus affables que charitables.

Ce soir, seul le silence me réchauffe et ma muse
En arquebuse, de ses ruses d'enfants m'abuse.
Le souvenir chavire, au fil des films fous
Que je me tournais, lorsque j'étais aimé de vous.

Tout nous sépare, le hasard se plait à nous défaire,
A nous déchirer au long des années sans s'en faire.
Soudain, tout s'éveille, s'émerveille
Quand hélas, tout n'est que vermeil et sommeil.

La mort étend son manteau, par dessus nos mensonges
Où nos espérances plongent.
La réalité s'impose à nous, et nous indispose
Jusqu'au tréfonds de notre âme morose.

Ce soir tout n'est que drames et reproches.
Voué à une telle opprobre, étonné de tant de choses,
Le rose de nos existences se superpose
Et parvient, à sauver notre noble cause.

Nos deux êtres ne sont pas maîtres de leurs sillages
Mais errent parfois, poussés par des passions volages.
La vérité s'impose alors à nos yeux hébétés :
Nous sommes seuls sans le Ciel à nos côtés.

Côtés brisés à force d'aimer et lassés près d'une cheminée,
Initiés à tant de jeux, dont nous ne respectons plus les règles fanées.
Pitié pour une âme vagabonde, qui enchaînée
Rêve de beauté et de dimanches matins animés.

Ainsi, elle pourra se retourner sur elle-même,
Sans avoir à rougir de sa vie écoulée,
Sûre d'être choyée par ceux, qu'elle fut à même
De comprendre et de sécher les larmes salées.

Nous allions, nous étions dans ce cimetière

6 novembre 1994

Nous allions, nous étions dans ce cimetière,
Entourés de folles rombières, qui derrière leurs airs
Protégeaient leurs arrières, dans des soupières de grands-mères.

Tout était de pierre et ce parterre de bières
Nous entraînait vers hier, lorsqu'en Corbières
Nous pensions à d'autres chimères.

Nous vivions près de Yerres,
Peu amères, comme deux compères
Loin des commères mémères.

Merci pour ces rivières de lumières, qui telles des colères
Nous menaient près de scintillantes rizières,
Comme des milliers de réverbères
Lorsque la brume, descend des cîmes premières.

Nos saisons dernières n'étaient que faussaires
Qui, nous laissaient croire en d'autres univers éphémères.

Quelques setters, chiens qui ont du flair,
Couraient après des mammifères plus terre à terre.
Ils trouvaient sur nos terres
Des raisons, de faire taire les contestataires primaires.

Plus familières, les pauvres fermières
Venaient satisfaire aux coutumes centenaires,
En cuisant leurs pommes de terre,
Dans les fours de pierres réfractaires.

Le chemin de fer, en sa ligne familière
Ralliait des contrées peu hospitalières,
A des villes populaires.

Tout ceci, nous avons beau faire,
A disparu depuis cette guerre qui effaça, le monde de naguère
Pour ne laisser place qu'à une terre, sans repères ni frontières.

Des yeux verts au centre d'un visage brun

9 novembre 1994

Des yeux verts au centre d'un visage brun,
Telle est l'image que tu as laissée, en mon esprit
Travaillé par d'autres pensées.

Je ne songe qu'à ces cris que tu prononceras,
Lorsque blottis comme deux petits chats,
Nous miaulerons de plaisir.

Cette envie qui me tient
Est pareille, à cette étreinte inassouvie
Que nous reformions, chaque jour dans nos rêves enfuis.

Hélas, le temps et l'espace nous séparent.
Tant de printemps et de gares nous éloignent.
Je suis à mille lieues de toi,
Lorsque tu es dans les bras d'un autre.

Tu ne penses qu'à demeurer en transes,
Alors que moi je ne vis que de souffrances.
Où vas-tu mon amour, au moment où mes pensées
T'abandonnent, pour vivre une nouvelle existence ?

Tu voles en des contrées plus frivoles,
Pareilles à ces farandoles que nous dansions sous les lucioles.
Moi, je m'étonne de me réveiller souvent tout tremblant,
Baigné dans une sueur qui en dit long pourtant.

Tu me manques ma jolie, ma douceur,
Qui seule donne quelque valeur à mes heures de labeur.
Je m'enferme dans des mondes inconnus,
Où tout n'est que farfelu, éperdu.

Je m'échappe de cet univers bien terre à terre,
Qui m'enserre de ses amères misères.
Dans mon esprit, tu es toujours ma mie qui sourit et s'éclaire
Face à notre ami, l'astre lunaire.

Toutes ces galaxies, ne sont que les prémices
De ce monde en furie, qui va finir occis
En des brasiers bien fournis.

Pourquoi ne viens-tu pas ce soir en ma chambre perdue sous les toits,
Qui renferme notre espoir et nos amours illusoires ?
Ce serait un tiroir de notre histoire
Qui s'ouvrirait, sur d'autres miroirs.

Ce jardin doux et sucré qui nous entoure,
Prendra les allures d'un lit à baldaquins,
Ciel ouvert sur des nuées d'arlequins, qui tels des malandrins
Nous causeraient un brin, du haut de leur lointain.

Mais ce ne sont que rêveries, car ce matin
Des bulldozers, tristes monstres assassins,
Ont changé en ravine, ce coin que nous aimions bien.

Mes vingt ans ne sont pas de trop

12 novembre 1994

Mes vingt ans ne sont pas de trop,
Lorsque je bois un coup de trop.
Le bistrot est une allumette qui se consume,
Prête à un nouvel univers où tout est parfois serein.

Mais qui vois-je au loin,
N'est ce point là mon ami Michel
Qui revient, d'un coin où je ne suis point ?

Il sourit, face à mes appétits
Qui le laissent ravi.
Je ne suis qu'un ami, transi par les pensées furtives
Qui traversent mon esprit fugitif.

Maintenant, le Baratin est fermé
Et je ne retrouve pas cet endroit, où nous avons flâné
Sans avoir peur du qu'en-dira-t-on,
Ni du foin que nous faisions.

Une page se tourne dans ma vie
Qui me laisse songeur, face à ces petits évènements
Qui vous poussent à l'expectative.

Que sont devenus les endroits où nous allions parfois
Boire plus que de raison, pour oublier nos drames d'enfants ?
Nous avions vingt ans, et il ne nous fallait pas tant
Pour croire à la vie et en notre avenir.

Nous étions promis à un joli futur,
Qui nous mena la vie dure.

Merci Michel pour ces moments, qui durent
Pour moi dans mon imagination, plus que de raison.
Je ne sais pourquoi ils perdurent,
Mais je peux te dire, qu'ils me font la dent dure
Quand je me mire devant une glace, sans un murmure.

Je ne suis que garçon esseulé,
Qui repense à ces jours passés
Où nous ne trouvions, nulles places en ce café bondé.

Maintenant, les travées sont désertées et d'animées
Ne subsistent que quelques maisonnées mal famées.
Faut-il se fourvoyer, aux nouvelles voluptés
D'une jeunesse sacrifiée ?

Je ne le crois pas, gardons nos sourires fanés
Et nos souvenirs surannés.
Ils sont la clef d'une destinée
Vouée à l'éternité.

La femme que j'aimais ne reviendra plus jamais
14 novembre 1994

La femme que j'aimais ne reviendra plus jamais,
Et sa bouche jamais plus n'aura le sourire que j'ai connu.
Du fond de ses yeux des siècles de tendresse naissaient.

Ils avaient l'air en regardant l'horizon,
D''ouvrir les portes de ma prison,
Mais je n'entendrai plus soupirer son coeur au diapason.

La fille que j'aimais est partie au mois des jours fous,
Emportée par une toux sans garde-fou.

Son corps s'efface dans l'espace et le temps,
Je ne me souviens déjà plus des jours d'antan.
Elle est partie sur les nuées pour un ailleurs,
Sans qu'elle n'ait rien compris, on lui a pris le meilleur.

Seul face à cette guerre de l'amour je reste debout,
Tenace devant ces parterres de pierres à genoux.
Leurs surfaces nues et froides me laissent de glace,
Et n'évoquent plus pour moi que tristesse.

Pourquoi faut-il se battre sans trêve,
Contre notre misère si particulière ?
La fille que j'aimais ne reviendra jamais,
Ses lèvres ne diront plus les mots : « je t'aime ».

Des siècles de tendresse nous séparent aujourd'hui,
Et ne nous laissent plus que nos années de jadis.
Je ne la reverrai jamais sur cette terre, mais en ce Ciel
Pareil à un soleil, au milieu de l'arc-en-ciel.

Prenez une rue qui monte

16 novembre 1994

Prenez une rue qui monte à l'école,
Je ne sais pourquoi elle m'entraîne, comme une folle
Dans ces jeux d'autrefois dont je raffole.

Je vais remporter la timbale si je ne triche pas :
Où sont Arnaud et Stéphane ? Je ne les vois pas.

Ils sont partis dans la ronde, que mène la farandole
Près du préau et de la cantine.
Nous sommes tous enfants frivoles
Qui ne songent, qu'à leurs petites copines.

Un ballon prisonnier nous retient enfermés dans le camp opposé,
Mais voici le plus fort qui vient nous délivrer.
La ronde repart, dans un tourbillon
Où tout le monde s'envole pour de bon.

Voici que sonne l'heure de la rentrée,
Il nous faudra aller près du radiateur,
Là où l'ambiance est feutrée.

Mais pour un rire de trop,
Je suis condamné à suivre toute la matinée,

Les cours le dos tourné.

Je ne suis qu'un âne bâté avec mon bonnet.
Arnaud vient de se mettre à pleurer :
« Mais pourquoi ce chagrin si soudain mon petit ?
Je ne sais Madame, c'est toujours pour rien, ainsi.

Si tu ne cesses de larmoyer,
Tu n'auras plus de larmes lorsque tu seras âgé.
Et vous Angélique, vous êtes-vous lavé
Les mains et les pieds, sans oublier le bout du nez ?

Comme à l'accoutumée, vous ne m'avez point écouté,
Venez donc avec moi, dans les commodités
Pour arranger ce problème, auquel je suis habitué et dont vous jouez.

Quant à vous jeune écervelé,
Pressez-vous de revenir à votre tablée
Avant que, mouillée et fâchée
Je ne sois de retour, avec ma souillée.

L'an passé en maternelle vous étiez,
Et bien si vous persistez,
Vous y retournerez ».

Cette vieille école aux murs délavés,
Résonne dans ma tête d'adulte retrouvée.
Ce n'est que le miroir vieilli de ma mémoire biseautée,

Qui me fait croire que je suis de nouveau au Grégoire un soir d'été.

Dimanche soir télévisé

20 novembre 1994

Le dimanche soir est consacré à mon canapé
Et à ces heures volées, confisquées par les récepteurs individualisés.
Depuis qu'est née cette petite boite carrée animée,
Nos rues sont désertées le soir à la veillée.

Pour retrouver des lieux civilisés,
Il faut revenir par la pensée,
Aux jours de nos jeunes années.

Le dimanche soir était une fête, car nous étions autorisés
A regarder, quelque émission sophistiquée.
Tous rassemblés à la salle à manger,
Nous attendions fébriles, la venue de la publicité.

Ces personnages si bien coiffés,
Nous laissaient entrer dans leurs intérieurs stylisés.
Les annonces étaient simples mais bien amenées,
Faisant surgir en nos pensées, un besoin sans cesse renouvelé.

Après le journal télévisé présenté par un homme costumé et cravaté,
Une speakerine, belle poupée pas encore siliconée,

Annonçait les rendez-vous programmés.

Elle éveillait en nos corps à peine formés,
Un désir qui provoquait une gène sur nos visages bouleversés.
Elle représentait l'idéal féminin qui suggérait d'autres seins,
Que ceux de maman entrevus bambin.

A vingt heures trente, chacun retenait son souffle,
Et se serrait un peu plus
Afin, de permettre au retardataire en pantoufles,
De trouver une place de plus.

Hélas, un carré blanc apparaissait au bas de l'écran,
Et papa encouragé par maman,
Nous annonçait qu'il était temps,
De regagner nos lits sur le champ.

Rouspétant, parfois pleurant, nous songions hébétés,
A notre dimanche soir télévisé qui nous tint excités toute la journée,
Pour finir en dimanche soir dans le noir retrouvé.

A genoux aux pieds de la Madone

23 novembre 1994

A genoux aux pieds de la Madone,
Je repense à ces heures si bonnes,
Que nous vécûmes alors à Lisbonne.

Lize, bonne fille de Narbonne,
M'entraîna la mignonne,
Au pays sauvage de Gascogne.

Hélas pour notre vergogne, sur notre chaumière
Point de cigogne, mais le vent à la porte qui cogne.
Nous nous nourrissions de mets précaires,
Venus non de Catalogne, mais mêlés de dauphinoises pognes.

Mon Dieu, pourquoi ne suis-je pas pieux
Comme ces Bienheureux qui peuplent les Cieux ?
Je n'ai qu'un seul voeu,
Celui de faire ce que Votre volonté veut.

Je ne suis qu'un gueux, qui face à ses aïeux
Ne donne pas l'image d'un preux, mais celle d'un anxieux.
Mon dos est creux, le son de ma voix caverneux,
Ma peau rugueuse et mes yeux bleus.

Votre immense bonté a voulu
Que, malgré ma personnalité je fus,
Parmi les invités à Votre Salut.

Mais tout homme est voué à l'éternité.

Il suffit en somme de chercher la vérité, de ne pas s'exalter
Quand on pense l'avoir trouvée, tout en gardant sa simplicité,
Lorsque la vie nous laisse entrevoir que tout est à recommencer.

Une petite chapelle

25 novembre 1994

Une petite chapelle qui donne sur la rue,
Une petite chapelle disparue,
Symbole d'un temps qui n'est plus.

Elle était nue cette petite chapelle,
Avec ses quelques bancs et son autel.
Surmontée d'un belvédère,
Elle dominait l'éphémère.

Cette petite chapelle aux murs blancs,
Appartenait à une propriété de grands
Soyeux, employeurs de canuts,
Aujourd'hui disparus.

Quand venait l'été, ces bonnes gens gagnaient la campagne,
Drôle de cité que ce petit village
Parsemé de manoirs et de châteaux de cocagne.

Tout était à leur disposition, une serre, un potager,
Des arbres fruitiers et un poulailler.
Sous un frêle pont coulait un filet d'eau qui menait à un donjon.

Des poissons joyeux nageaient dans les bassins
Bien entretenus, par une kyrielle d'employés de maison.
Tout ce petit monde, vivait en vase clos
Derrières des murs hauts, à l'abri de nombreux maux.

Mais voici qu'une guerre étrange bouleversa les habitudes de naguère.
Les arbres centenaires sont tombés à terre, pour satisfaire
Des promoteurs avides de bonnes affaires.

La propriété si bien aménagée, fut divisée
Après que les soieries fussent fermées,
Faute de main d'oeuvre bon marché et de compétitivité.

Les gens de la maisonnée se sont exilés,
Privés d'employeurs fortunés.
Lors d'un hiver renommé pour ses gelées,
Trois parcelles viabilisées furent dessinées.

Ici, se sont installés mes aînés
Qui bénéficièrent, de la serre et du belvédère.
Mais face aux nécessités de notre société mécanisée, il fallut faire
De la place et rayer de la surface de la terre, cette chapelle trinitaire.

Désormais, elle demeure vivace en mon esprit,
Grâce à une photographie jaunie,
Prise avant que tout ne soit détruit.

Jolie image d'un passé enfoui,
Elle laisse dans ma vie
Le mirage, de cette petite chapelle aux murs blanchis.

Merci Mamie, merci Papi !

Ami transalpin

26 novembre 1994

Ami transalpin, tu n'es qu'un coquin,
Petit lutin qui vient taquiner avec un rien,
Ce gamin qui fut mien.

Toutes les lignes que nous écrivons,
Ne sont je le devine, que déraison
Et pourtant, nous nous amusons de ces floraisons
Qui jonchent nos lettres, lorsque nous correspondons.

J'aime ces moments, si touchants
Qui nous ramènent tremblants,
Au temps où nous étions enfants.

Enfants sages, ou plutôt adolescents
Qui pratiquent la nage, sans autre courage
Que celui d'affronter une mer en rage.

Ce n'est pas un mirage, lorsque nous arpentons les rivages
De ces plages désertes,
Abandonnées de tous ces personnages
Qui font du calme de l'été, une vaste tempête.

Le monde adulte m'ennuie, par sa façon abrupte
De nous mener, à d'autres réalités moins subtiles.
Durs moments, que ces instants passés
A songer à nos destinées fébriles.

Que deviendrai-je demain ?
Vais-je servir mon prochain, ou applaudir à deux mains
Face aux évènements malsains,
Que nous réservent certains humains ?

De désespoir point, mais d'espoir plein,
Notre pudeur nous mènera vers le destin.
Hauts les cœurs, et soyons vainqueurs
De la torpeur qui ronge nos ardeurs.

Nul n'est besoin de dire, combien
J'aime ces correspondances épistolaires,
Qui viennent sans s'en faire,
Redorer le blason de notre interdépendance coutumière.

Tu es le frère
Que mes parents n'ont pu me faire,
Et c'est pour cette affaire,
Que je remercie Dieu le Père.

Chaque jour a son lendemain,
Et c'est main dans la main,
Coeur contre cœur, que nous prendrons le chemin
De la vie, pour aller vers demain.

Ami méditerranéen, tu n'es qu'un baladin
Qui a pris le train, pour quitter Saint Martin,
Changer d'Hères, et retrouver la mer de salins.

Mon enfant comme tu lui ressembles

27 novembre 1994

Mon enfant, comme tu lui ressembles
Avec tes yeux grands ouverts,
Sur le monde des grands.

Et pourtant, il n'y a pas si longtemps
Qu'il a disparu, du champ
De notre horizon, devenu néant.

A pas de géant, les ans
Vous poussent à ne plus vivre en tremblant,
Face à une rencontre qui vous ramène vers antan.

Ce dimanche je t'ai rencontré pour la première fois,
Ce fut comme une revanche sur la mort.
Plus de déchéance en ce petit être si vivant,
L'enfance a repris de l'avance sur l'existence.

De grands rires joyeux,
Peuplent cette maison où tu fus heureux.
Merci mon Dieu pour cet accueil chaleureux,
Qui m'a inspiré le voeu d'être courageux.

Ta mère, douce femme au caractère volontaire,
M'a entraîné pleine de sentiments sincères,
Sur de nouveaux chemins, fière.

Quelle joie est-ce de parler de toi,
D'évoquer toutes les fois où tu t'es montré droit.
Je te découvre à chaque fois un peu plus, au sujet de cette délicatesse
Qu'avec une extrême pudeur, tu déployais à mon adresse.

Comme j'aimerai aujourd'hui, pouvoir te dire
Combien je suis réduit au silence,
Face aux exigences de la Providence.

Enfin, ces quelques lignes
Peuvent constituer le signe,
De ma reconnaissance insigne.

Nunc et dormire

3 décembre 1994

« Nunc et dormire », telle est la phrase que m'a inspiré
La vie passée auprès de toi, ma bien-aimée.
Comment pourrai-je dormir, alors que tu es là, à me faire frémir
D'envie, et pour un désir qui jamais n'aurait dû finir ?

Je t'ennuie avec mes colères et mes yeux, pleins d'une pluie
Qui ne cesse de venir mouiller notre nid.
Nuits d'orage, où jamais n'étaient assouvis nos appétits
Toujours grandis, de l'autre à l'infini.

Jubile mon amour, de ces jours
Qui nous marquèrent, dans nos chairs infantiles pour toujours.
Désormais, un tatouage est gravé dans mon coeur
Qui porte témoignage, de nos si douces heures.

Tu es ma soeur, ma demeure et ma valeur
Qui ne fait de mes pleurs, que cascades de bonheur.
Tes mains sont si fines, que je devine à travers leurs lignes
Infimes, ce que le destin te dessine en des circonstances voisines.

Tout ce que tu m'apportes n'est que chaleur et patience,
Je suis l'amant de ton rang et de ton sang.
Tu m'ouvres l'univers de tes sens,
Qui m'entraînent parfois à contresens.

Point de répit dans l'existence, qui sur l'instance des urgences
Mène l'enfance vers d'autres transes, sur des navires de plaisance.
Pas de naufrage pour cet équipage, qui ne connaît d'outrage
Que par la violence d'un orage, sur la mer de Carthage.

Personne ne dort, dans les draps froissés de l'amour
Qui ramènent les angoisses de la nuit, dans les yeux trop lourds,
Les fantômes chuchotent à votre oreille,
Et aspergent l'atmosphère d'arômes sans pareils.

Le rimmel coule sur la joue de ma belle,
Et cette larme m'interpelle à mon réveil.
Une lune de miel est éternelle, quand l'arc-en-ciel
Vient chasser les nuages de la veille.

Cette dame qui repose dans mon lit,
Est ma femme pour la vie,
Elle enflamme mes envies
Et mes rêves inassouvis.

A combien de vies, donnerons-nous naissance
En cette couche de l'insouciance ?
Des berceaux seront nos plus beaux cadeaux,
Que des jumeaux occuperont bientôt.

Liberté je bénis ton nom

4 décembre 1994

Liberté je bénis ton nom,
Liberté tu es ma raison de vivre, et sans façon
De crier ma joie lorsque tu es là, au diapason.

Liberté, je repousse ce cri qui m'entraîne en d'autres contrées,
Où j'aimerai que tu ne sois pas, qu'une idée
Louée parfois, mais bien une réalité.

Dans notre monde américanisé,
Tu n'as plus la même tonalité.
Je te vois au travers du regard, de tous ces enfants hagards
Qui ne vivent que par le hasard d'une guerre, lasse de tous les fards.

Nous ne sommes qu'assassins, face à ces innocents
Qui se meurent, dans le tourment incessant
D'un lendemain incertain.

Tous ces petits coeurs d'oiseaux meurtris
Ne savent plus dire merci,
A la vie et aux folies d'une enfance ravie.

Liberté, je crois en toi,
Qui n'es parfois qu'une voix qui reste coite.
Mais il est de bon aloi, de toujours redire sans effroi
Cette vérité, qui n'est plus que pensée de son sens vidée, étroite.

Face aux horreurs d'une terreur
Entretenue avec soin, quelques recteurs
Font leur cette clameur de stupeur.

Mais ce ne sont que pigeons
Voyageurs, qui vont se poser sur les frontons
Des maisons, pour repartir dans l'horizon
Toujours plus moribonds.

Toutes ces victimes qui disparaissent dans l'abîme,
Ne laissent pour message
Que les ailes d'un moulin à vent, qui s'escriment
Dans le paysage.

Leurs yeux reflètent les flots bleus
D'une mer, plus vigoureuse
Qu'une rivière, sinueuse
Au coeur de la Meuse.

Les champs de bataille, se sont déplacés
Près de la méditerranée, pour enflammer
Les contrées balkanisées.

Mais n'est-ce pas ici un signe du passé,
Qui maintes fois rapiécé
Vient raviver en nos contrées anesthésiées,
Une animosité bridée ?

    Que vaut Sarajevo ?

Toutes ces montagnes reflètent l'astre solaire

6 décembre 1994

Toutes ces montagnes reflètent l'astre solaire,
Qui s'engage à réchauffer nos os et nos chairs,
Bien mieux qu'une polaire.

La neige s'apprête à tomber,
Elle qui cherche toujours, à nous éveiller
Les nuits d'hiver, lorsque tous préfèrent s'aliter.

Moi j'aime ces moments blanchâtres où luit l'astre des cieux,
Cortège de lumières fabuleux
Qui éblouit, les riches et les gueux.

Ma fenêtre s'ouvre sur ces chapelets de feux follets,
Qui vagabondent au long de ces instants muets.
Folles chimères, que ces trêves imaginaires
Sorties du rêve d'un frère, côtoyé naguère.

Aujourd'hui, il dort dans des rizières,
Victime muette d'une guerre d'hier.

Dans le bois aux abois,
Ils vivaient dans l'effroi,
Ces soldats qu'une loi a envoyés, pour la dernière fois
Se battre, pour je ne sais quoi.

Aujourd'hui, rien ne subsiste de ce temps enfui,
Triste souvenir d'un Empire détruit.
Les témoins de ces tueries
Ne sont plus, broyés dans les cris et le bruit.

Seules demeurent les décorations posthumes,
Symboles d'une considération qui, telle une plume
S'envolera frivole, dans les oubliettes des commémorations.

Réunions officielles, qui sont l'occasion
D'effusions superficielles, en comparaison
Avec ces morts éternelles, tristes abeilles
Venues butiner un miel bien artificiel.

Avec ton cartable à la main

8 décembre 1994

Avec ton cartable à la main,
Tu as éveillé ma mémoire irritable.
Tes cheveux blonds me font
Rêver, à d'autres blés que le houblon.

Ta silhouette fière, est pour moi le gage
En fait, d'une multitude de mirages.
Comme j'aurai aimé, que tu te retournes
Pour me regarder, enfermé dans ma routine monotone.

Je n'ai aperçu que ton profil alors,
Si fin qu'il me fit songer à un fil d'or.

Je t'ai aimé en un instant d'émoi,
Car tu restes pour moi
Le souvenir, d'une rencontre improvisée
Sur un trottoir aux pavés usés.

Où allais-tu ? Je ne le saurai jamais,
Mais ce n'est pas un secret,
Qu'il s'agissait d'un rendez-vous coquet.

Que puis-je te dire,
Moi qui ne vis que pour un sourire,
Une idylle qui va bientôt finir,
Avant de mourir dans un soupir ?

Je songe à ces émois si vastes, que nous devions connaître
Enlacés l'un contre l'autre.
Je découvrirai ton visage,
Avant de me noyer dans la fierté de tes yeux peu sages.

Je suis avide de caresser les traits si fin qui forment ton faciès.
Hélas, ce ne sont que regrets qui reviennent sans cesse,
Animés par une détresse qui se rend maîtresse de ma hardiesse.

Ce ne furent que folies amorcées en un instant,
Pour disparaître aussitôt éprouvé le présent.

Nous sommes condamnés à ne connaître de voluptés
Que dans nos rêves éveillés, quant à la nuitée
Ces pensées martelées, reviennent nous troubler.

A quoi bon poursuivre cette tragédie,
Qui perfide hante ma vie ?

Chacun possède sa part de bonheur,
Mais il me faut sur l'heure, regagner ma demeure
Avant que tout en pleurs, je comprenne la valeur
De cette ardeur, que je n'ai su reconnaître à mon coeur.

Belle amie sans soucis,
Poursuis ta vie et ne ris pas d'autrui,
Lorsqu'un autre que moi, sera séduit
Un soir de pluie.

Avoir une grand-mère

17 décembre 1994

Avoir une grand-mère,
C'est comme une fête.
On aime cette grand-mère,
Avec son coeur et sa tête.

Ses grands yeux verts comme la mer,
Vous transpercent d'une lueur fière,
Jusqu'au tréfonds de votre chair.

Peu amers ils songent à hier
Et aux êtres chers entrevus naguère.
Les samedis soirs, chacun s'escrimait à devenir maître
En l'art, des bals champêtres.

Nul ne songeait à cette guerre,
Qui allait mettre notre monde à terre.
Aujourd'hui, bientôt centenaires, ils se désespèrent
D'accompagner leurs frères, en des cimetières de pierres.

De chrysanthèmes en chrysanthèmes,
Ils se démènent pour murmurer un dernier « je t'aime »,
Avant de retrouver à leur tour ces amours anciennes.

Maintenant il est temps de revenir au présent,
De choyer les enfants nés de son sang.
Demain matin sonnera l'heure, de préparer
La soupe aux légumes du potager.

Accourront les nombreux gamins
A ce rendez-vous sacro-saint,
Qui nous rassemble de loin en loin.

Mercredi, rôtis et clafoutis régaleront les appétits les plus avertis,
Et les petits, nouveau-nés d'une famille agrandie,
S'endormiront en un lit bâti par papi,
A la veille d'un grand conflit.

Ces deux bambins noieront leur chagrin, en des draps de lin
Peu fins, rapiécés un brin en quelque coin.
Ce n'est rien, face à ces événements ô combien
Incertains, qui ont marqué notre quotidien en vain.

Images polies d'un passé ravi,
Qui ne laisse en nos vies
Qu'un sourire pâli.

A voir sa grand-mère,
C'est en somme une quête
Où l'on sème au grand air,
Des souvenirs plein la tête.

Maman a la migraine

17 décembre 1994

Maman a la migraine,
Mais elle n'aime pas qu'on la plaigne.
Elle reste sereine face à ces petites gênes,
Qu'elle considère comme les sirènes d'une vie pleine.

Rien ne doit bouger, quand maman est couchée
Dans le noir enfermée, face à cet état auquel elle est habituée.
Aucun remède ne peut la calmer, si ce n'est un déconseillé,
Mais qui seul, saura lui apporter quelques intermèdes momentanés.

Depuis toujours, maman est la reine de la souffrance gardée
Et ne laisse deviner, qu'une mince partie de ce qu'elle doit supporter.
Aujourd'hui ce sont des maux de tête,
Mais hier ce furent les jambes, qui lui mettaient martel en tête.

Combien de temps encore, sera-t-elle victime de tous ces incidents
Qui furent autant de contretemps, pour profiter du temps présent ?
Je ne sais, mais sur l'heure cette situation la laisse dans le tourment,
Et ne l'encourage pas à saisir l'existence avec beaucoup d'allant.

Pourtant maman se fait violence, chaque matin
Pour reprendre son travail quotidien.
De métier ancien point,
Puisqu'elle vend des panneaux peints.

Cette situation l'oblige à conserver un certain maintien,
Qui l'invite à garder bon teint.
Ce sont des petits riens qui vous poussent jusqu'au lendemain,
Et vous donnent l'air mutin.

Mais la migraine revient soudaine,
Pour vous mettre en peine,
Et vous enseigne que rien ne vaut la peine,
De méconnaître cette maladie contemporaine.

Ma vie s'allume

18 décembre 1994

Ma vie s'allume, lorsqu'une photographie
De fortune, m'entraîne dans les brumes de jadis.
Nous sommes deux cousins, qui gamins
Marchions avec entrain vers demain.

Tous nos souvenirs reviennent en mémoire
Lorsque nous songeons, à ces soirs
Passés au cinéma, dans le noir
Ou en tête-à-tête, à manger et boire.

Je souffrais de solitude,
Et toi tu me donnas l'habitude
De ta présence, ou de ton indifférence.

Ces repas près de la gare,
N'étaient que soupers tard,
Lorsque tu étais appelé, à prendre garde
A l'heure qui passe, pour ne pas être en retard.

Tu es mon frère,
Toi qui ne savais comment faire.
Mais face à ces minutes incertaines,
Tu prenais une attitude toute de certitude.

Merci pour cette fraternité,
Qui me laissa abandonné
Un soir d'été…

Petit Clément

18 décembre 1994

Petit Clément tu es mon enfant,
Même si tu n'es pas de mon sang.
Songe à tout ce temps
Qu'il nous reste, dorénavant.

Je pense à toi bien souvent, et j'imagine ces moments
Que nous passerons, tout au long de notre passage charmant.
Parfois, contre ta joue tu me presses petit homme,
Lorsque tu me dis : « Tonton érome ».

Moi, je reste coi, face à cet appel qui
Surgit de ton cœur, et emplit
Ma vie d'une douce folie.

Ne t'inquiète pas, nous connaîtrons des instants de fête,
Et nous irons ensemble, dans les guinguettes
Voir quelque coquette, ou la Nénette.

Tu seras surpris de trouver un parrain si gamin,
Mais n'aie pas de chagrin mon bambin,
Ce n'est rien face à ce que nous revivrons le lendemain matin.

Tu aimeras cette maison qui fut mon donjon de jouvenceau,
Pris d'assaut par tous les maux, qui en un saut
Ont eu raison de mon berceau.

Tu connaîtras cet élan qui m'anime,
Lorsque nonchalant, je chemine
Tout tremblant en ce grenier que j'estime.

Tu retrouveras là ces personnages
morts déjà, qui t'emmèneront dans leurs danses volages,
En de sombres naufrages.

Mais garde courage mon enfant sage,
Ton parrain tournera la page,
Et t'entraînera sur d'autres rivages.

Clément tu es mon présent,
Et pourtant, je ne suis pas présent
Auprès de toi, enfant troublant.

Souvent, je pense à toi
Qui es pour moi
Un refuge, un toit
En ces temps sournois.

L'amour platonique

22 décembre 1994

Je le pratique, et pour faire la nique
A ceux qui ne songe qu'à la « nique »,
Je réplique haut et fort, que ce n'est pas une politique
Atavique, ni une histoire de sémantique qui tombe à pic.

Non, cet amour idyllique se fonde sur la foi Catholique,
Et s'applique lorsque naît une histoire romantique.
Déjà, sous la Rome Antique, personne ne se pique
De voir cette tragique situation ascétique.

Mais avec nos républiques « démocratiques »,
Cette supplique pathétique tourne au comique,
Et est rangée au rayon des idées antipathiques,
Qui dénotent un esprit parfois trop fatidique.

Mais quand comprendront-ils, qu'il est dramatique
De traiter ce comportement atypique,
Comme une curiosité touristique ?

Il est l'unique remède à tous les maux, si « sympathiques »
Rongeant notre société démagogique,
Qui multiplie les asiles psychiatriques ?

La panique ou le non sens ne doivent pas conduire nos politiques,
Mais le bon sens et l'esprit de salut public,
Plutôt que ces discours soporifiques,
Qui ont fait la vie belle aux cyniques.

La Chardonnière

28 décembre 1994

O' ma Souveraine, O' ma Mère, je vous aime
Et c'est pour cet amour que je subis, toutes ces peines
Qui parfois m'entraînent, dans des maisons Dominicaines
Où je m'imprègne d'une bonté souveraine.

Ces retraites d'une semaine,
Sont l'occasion sans trop de gênes,
De revenir aux sources pleines
D'un amour infini, que rien ne freine.

Le Bon Dieu nous amène à confesse,
Après bien des détresses
Et des larmes vengeresses,
Envers notre nature pécheresse.

Ce ne sont que tristesses qui s'affaissent, lorsque l'âme nous presse
A nous agenouiller face au Prêtre, Ministre de l'Eternelle Sagesse.
Oui Maman, prenez moi en vos bras
Et portez-moi loin de l'embarras, à bout de bras.

C'est à vous, que Notre Seigneur nous confia
Si ingrats, avant de quitter l'ici-bas
Pour retrouver, quand bon Lui sembla,
Son Père des Cieux, duquel Il reçut tous pouvoirs de ce monde là.

Glorieux Saint Joseph, vous qui fûtes le père et le protecteur
Fidèle, de Jésus-Christ notre Seigneur en notre terre de labeurs,
Recevez ma clameur et tout en pleurs
Je viens me réfugier, sous votre manteau de douceurs.

Merci à vous qui êtes si attentif à nos besoins quotidiens.
Moi, vermisseau pour lequel tous les saints nouveaux et anciens
Plaident, je reste le pâle reflet d'une lumière d'où jaillit tout bien
Dans cette vie, si laide lorsque l'on refuse ses desseins.

O' mon Dieu, donnez moi la foi,
L'espérance et la charité,
Qui me font parfois
Défaut dans cette existence momentanée.

Détachez-moi de tous ces liens
Qui me retiennent, sur la terre ferme à des considérations de rien,
Et portez mon âme vers d'autres richesses,
Qui seules renferment le gage de la vie éternelle.

Je ne veux point de bagages en cette vie de passage, si ce n'est la sage
Conviction d'appartenir, non aux Rois Mages,
Mais de me livrer en esclavage
Au Créateur de tous les âges.

Tout à Jésus, par Marie Médiatrice de toute grâce !

Année 1995

« Moi je rigole comme une feuille, que l'on froisse et que l'on porte
A la corbeille aux illusions mortes. »

Ami poète

4 janvier 1995

Ami poète, je suis un peu bête lorsque je m'entête
Et t'embête, à te réclamer à tue-tête
Un tête à tête, qui sera une fête.

Tu écris des chansons qui me touchent, petit garçon,
Et vont sans façon planer au long des pièces de ma maison.
Ai-je raison de te mettre au diapason de mes relations,
Moi qui ne suis qu'un trublion,
Lorsque je songe au ridicule de ma situation ?

Telle est la Providence et sans méfiance
Je m'abandonne à l'enfance, quand j'ai la chance
De te joindre au téléphone pendant ta permanence.

Mais je préfère ces lettres, correspondances épistolaires
Et familières, qui nous rapprochent comme deux frères,
Amoureux d'un même univers.

Nous volons au long des saisons en des contrées loin de l'horizon,
Qui nous poussent avec passion à chanter, les louanges des situations
Que nous connûmes chacun, lorsque nous étions tout blonds.

Il m'apparaît aujourd'hui que je vivais des faits jolis,

Qui loin de l'ennui m'autorisaient à oublier ravi,
Les soucis d'une vie parfois peu amie.
Le Quai d'Alsace m'amena par une belle nuit de silence,
A te déclamer toute la flamme, que m'inspiraient tes romances
Pleines d'une France d'insouciance et d'élégance.
Les trains en partance pour Florence,
Sifflaient un air léger, inspiré par un ciel aux mille nuances.

Cette vieille maison de Narbonne,
Où tu vécus des instants polissons avec la bonne,
S'abandonne aux rêveries, que t'inspirent en automne
De vieux rideaux de dentelle, quand le vent frissonne.

Une rose gelée au jardin,
Oubliée là par la rosée du petit matin,
Embaume d'un parfum sans tain,
Le jardinet d'un mur ceint.

Tantoune ne séjourne plus en cette demeure
Où tu vis le jour, mais elle revient toujours, les jours
Où tu retournes contempler ces heures, symboles d'une roue
Qui tourne pour chacun de nous, sans heurts.

Ami poète, c'est une trêve que je te propose,
Avant que cette vie ne s'achève.
Joignons nos rêves de métamorphoses,
Et oublions ces gens moroses qui nous observent.

Allons près de cette maison aux murs roses, et écoutons
Ses fantômes chanter tes chansons à l'unisson.

Je n'ai pas eu une enfance facile
4 janvier 1995

Je n'ai pas eu une enfance facile,
Ou plutôt mes souvenirs infantiles ne furent pas futiles.
Jamais je ne fus servile, mais du moins docile.

Ce furent des années grises, ou plus justement voilées
Par des événements, qui caractérisent une existence d'exil.
Oui j'étais en mal d'amour, d'amitiés
Et de sentiments qui grisent.

La gaieté n'était pas de mise,
Et pourtant je me faisais une devise
De conserver un sourire sincère, et de ne jamais montrer grise mine
Face aux méchancetés enfantines.

Maman devenait câline,
Quand je revenais l'humeur chagrine
De la cantine, où une arrête de sardine
M'avait privé de tartines.

Tout cet univers de présences féminines,
Au milieu duquel je me trouvais,

Contribuait à me donner du courage à revendre,
Quand un passant dans la rue, causait par son attitude assassine
Un accroc, à ma bonne humeur gamine.

Seuls, mes père et grand-père représentaient la gent masculine
Qui n'intervenait, que pour mettre de l'ordre
Dans notre famille, livrée aux assauts des femmes de la cuisine.

Ce monde de dentelles et de jupons,
Qui connaissait si bien l'art des chapons,
Donnait à notre maison l'impression d'être sur le pont
D'un galion aux mille canons, qui fait front devant un typhon.

Les aiguilles à tricoter, cadençaient le temps
Au rythme des doigts agiles,
Prompts afin que s'habille la famille.

Même si mon enfance ne fut pas si facile,
Elle reste pour moi le creuset
De mon insouciance, qui ne vacille
Pas au moindre geste de désarroi d'un monde aux aguets.

Le dico des inconnus

8 janvier 1995

Ce ne sont pas des parvenus,
Mais des individus qui n'ont connu
Que la rue, pour toute vue.

Quand il fallut prendre les armes contre les intrus,
Ils n'ont vu que leur courage et leur pays décousu
Par toutes ces gloires déchues, qui firent de cet état reconnu
Pour ses hurluberlus, une terre nue vidée de tout ce qui fit son suc.

Mais êtes-vous sûrs, que vraiment tout soit perdu
En ce temps perclus, par des verrues
Qui pompent l'énergie, comme les sangsues
Réapparues, après les grandes crues
Qui tenaient les gens de la rue, reclus en leurs cahutes ?

De nouvelles recrues sont intervenues guidées par les nues,
Qui n'apportent plus que soulagement et bonheur éperdu.
Tous sont tendus vers un idéal accru, mais qui a mû
De nombreuses générations, de poilus, vêtus
D'un uniforme farfelu, qu'il fallut modifier dès que l'on put.

Ces soldats inconnus descendus en des cratères d'obus,
N'étaient pas uniquement de notre société le rebut.
Se trouvaient aussi les fils de bonnes familles du Perthus,
Amoureux des belles chevelures des grandes infirmières ténues.

Leur dévouement est dévolu à ces barbus,
Qui ne se battent pas uniquement pour une cause perdue,
Mais aussi pour des intérêts méconnus.

Toutes ces morts reconnues par nos « m'as-tu-vu ? »,
Accourus à l'appel d'un afflux de popularité transformé en cohue,
Forment le contenu du dico des inconnus,
Qui mérite d'être lu à l'oeil nu.

Toi mon frère qui dors sous la pierre

17 janvier 1995

Toi mon frère qui dors sous la pierre,
J'aimerai te réciter ce soir, une prière
Qui ne sort pas d'un quelconque bréviaire,
Mais de mon coeur si las, de cette guerre
Que je mène contre le temps, pour me souvenir d'hier.

Les anges et les saints nous entourent, de leur présence
Toute auréolée de douceur nacrée et d'espérance,
En cette nuit étoilée qui, tout à l'heure réchauffée par l'assistance,
Redonnera à minuit bien sonné, une lueur voilée à cette absence.

Chaque fois que j'assiste au Saint Sacrifice de la Messe,
C'est pour moi qui suis triste, un mien délice je le confesse,
Car ma foi insiste sur le bénéfice qu'il nous laisse.
Pourquoi vous priver, vous tous qui restez mes bien-aimés,
De l'octroi si singulier de la félicité de moments sanctifiés
Où tous côtoient, fils retrouvés, la Divinité pour nous ressuscitée ?

Cette nuit blanche et glacée, me ramène à d'autres réalités
Qui me font oublier cette pierre balayée par le vent,
Et noyée au milieu de nombreux autres décédés,
Qui se crurent meilleurs que les vertueux apôtres d'antan.

Abandonnés à leur destinée, après avoir errés
En des lieux où, amoureux de l'argent ils ont modelé
Leurs façons de se comporter, sur de dérisoires bedonnants.

La vie n'est pas faite de ces choses creuses,
Mais de sentiments sincères et honnêtes
Qui vous donnent une attitude respectueuse,
Afin d'atteindre un firmament beau, à vous en faire tourner la tête.

Aux Chassagnes

27 janvier 1995

Au pensionnat,
Nous nous amusions ça et là
A sonner le glas, de notre internat.

Au long des tranquilles soirées d'hiver,
Lorsque nous étions fébriles à couvert,
Nous ne récitions pas que nos prières,
Mais quelques chansons printanières.

Nous discutions de nos amours,
Qui sans cesse paraissaient sous un jour
Plus clair, que la réalité première.

Ces grandes chambrées
Peu chauffées mais animées,
Nous rendaient heureux de vivre, assemblés
En ce lieu si dénudé.

Sur le parquet, au creux de la nuit venaient
Atterrir des projectiles, qui formaient un bruit discret.
Mais tous, nous savions qu'il s'agissait de Lionel, qui jeune freluquet
Ne dédaignait pas choquer son assistance, avec ces envolées muettes.

Parfois encore, mon lit se transformait en chandelle dans le noir,
Ce qui m'amenait à crier ma surprise avec effroi,
En réveillant l'ensemble du dortoir.

Quel est donc cet énergumène, qui ose troubler
Ainsi le repos de ces chers lycéens,
Future élite de notre nation, et qui pour certains
N'hésitaient pas à fumer un joint, sur la coursive interdite ?

Pirro veille au grain dès le matin,
Mais le soir venu, Daucelles entre en scène
Avec sa bedaine d'Heineken.

L'obscurité s'offre à nous et nous pouvons admirer
Le ciel étoilé, qui scintille de mille astres
Sortis du coffre aux merveilles du Bon Dieu.

Comme nous étions joyeux en ces lieux si chaleureux,
Et pourtant si ennuyeux parfois, lorsque nous devions être sérieux
Et répondre de notre mieux, aux devoirs fastidieux
Concoctés par des professeurs quelque peu gâteux.

La journée se déroulait au rez-de-chaussée, et au premier
Dans les salles de classes, délavées par les années
Mais si appréciées pour leurs ambiances feutrées.

Pourtant, en toute hâte je songeais à ce moment béni
Où nous montions au second, retrouver nos lits
Et rêver à nos petites amies si loin d'ici…

Si près d'ici

27 janvier 1995

Madame Rouby, vous êtes pour moi plus qu'un souvenir enfuit,
Mais bien un sourire qui s'illumine
A la vue, de nos mines déconfites.

Vous teniez place-forte en cette infirmerie,
Qui contenait aussi un vieux coffre-fort, tirelire
De cet établissement privé aux façades décrépies.

A midi ou à la nuit, nous venions vous dire merci
Et profiter de votre hospitalité, pour obtenir un alibi
Afin de ne pas avoir à souffrir, du mauvais temps et de la pluie.

Nous nous retrouvions autour de votre bureau,
Tout jeunots que nous étions, et discutions des interros ou du bistrot
En attendant, que sonne l'heure de remonter à nos stylos.

Nos idéaux vous donnaient une expression de Madone,
Vous qui vous êtes montrée si attentionnée à notre égard, et bonne
Dans nos misères sans lendemains, et nos écarts sans bornes.

Vous connûtes la réalité de la détresse
Humaine, en votre chair et en votre sein.
Pour nous manifester votre tendresse,
Vous ne saviez que faire pour notre bien.

Nos petits goûters impromptus,
Partagés sur le coin d'une table,
Sont depuis restés, qui l'eut cru,
Gravés dans le lointain comme une fable.

Mais la réalité est là, et laisse des traces
De son passage en nos âmes, d'adultes devenues.
Votre personnalité pleine de grâces
Est l'image, de charmes et de voluptés disparues.

Une seule exclamation vient
En nos esprits de cocagne :
« Nous nous souviendrons de votre entrain,
Notre mère chérie des Chassagnes ! »

Viens me retrouver dans cette maisonnée

27 janvier 1995

Viens me retrouver dans cette maisonnée qui sent bon
L'été, quand les grillons chantent et nous procurent des frissons
Au plus profond, de nos âmes d'enfants polissons.

Tout ici t'attend,
Le vieux banc de pierre, le lilas blanc à la saison première,
Et l'affectueux chat vieillissant
Qui ne trouve plus de réconfort, qu'auprès des radiateurs réfractaires.

Quand reviendras-tu, toi que j'aime depuis si longtemps
Et qui bien souvent, me fais faux-bond par ton absence ?

Pense à moi qui vis, dans cette maison
Où moult ancêtres ont vu le jour, puis après quelques moissons
Se sont alités moribonds, dans ce spacieux lit à rouleaux Napoléon,
Image de la pérennité des générations.

La maison est calme, enveloppée dans un cocon qui désarme
Ceux qui prennent les armes, contre cet havre de paix pour les âmes.
Combien de drames se sont noués en ces pièces feutrées,
Hantées par de nombreux fantômes désabusés ?

Voici neuf ans demain, que Tatan Berthe a pris le train
Pour rejoindre les siens, au paradis en quelque coin.
Comme le temps passe vite, surtout quand il est mien…

Une cigarette qui monte à la tête

31 janvier 1995

Une cigarette qui monte à la tête
Envoie une bouffarde, sur cette face blafarde
Comme l'albâtre des statues de poètes,
Sculptées par cette jeune école d'avant-garde.

Qui sont-ils tous ces fous, amoureux d'un même flou ?
Ils rêvent de cette muse qui pose pour une poignée de deniers.
Ils lui serviront à régler son loyer, où se multiplient les poux
Qui courent tout au long de la pièce morose et au sein du sommier.

Quelles vies de patachons ces pauvres êtres connaissent ici,
Eux qui quittèrent leurs parents, leur douce enfance et leur étable,
Pour venir roder sur les quais de la gare de Passy,
Et investir les cafés sordides et poisseux de la grande capitale.

Si ces quelques considérations matérielles ne constituent pas une tare,
Elles seront une félicité redoublée, quand ils apercevront Paname
Où toutes les saisons sont si belles, que l'on oublie qu'il est tard
Et que le petit jour vous ramène dans les bras de votre femme.

Notre-Dame, grande cathédrale sans égale,
Porte tous ses enfants dans son coeur maternel
Pour les présenter, avec un sourire virginal
A son Fils, mort pour les racheter du péché originel.

La Seine, si belle avec ses quais fleuris,
Accueille sur ses rives, les amants d'un jour
Qui s'aiment d'un amour toujours rajeuni,
Ne survivant pas à la saison des beaux jours.

La Tour Eiffel attire les touristes près d'elle,
Mais elle cache sous son armature métallique
De petits parigots, venus se réfugier à l'ombre de son aile,
Après avoir parcouru des mondes qu'ils pensaient fantastiques.

Le Louvre recèle en ses greniers, de véritables trésors
Exposés à la vue des badauds sept jours sur sept,
Mais qui ne connaissent de véritables succès, que dans le décor
De poussières et de toiles d'araignées, qui en fait leur conquête.

Paris demeurera le berceau de l'Ile de France,
Tant qu'elle conservera son impertinente insouciance,
Et que ses enfants seront séduits
De vivre, dans la fumée et le bruit.

Au domaine de l'esprit

10 février 1995

A Aix-en-Provence, j'ai pris un bain de jouvence
Avec un ami sans soucis
Qui chante la France, comme on dit je pense :
« l'enfance n'est pas finie ».

Merci pour ces rires et ces bonnes bouteilles,
Dont quelques unes restent pour moi une merveille.

Je garde l'âme sereine malgré moi, à peine
Car de gentils biotiques ont mangé l'antimite.
Mais je demeure heureux de voir combien, peu
De choses suffisent pour vous donner l'esprit joyeux.

Un bon repas entre amis et tout refleurit,
La vie et ses soucis sont enfermés dans le cagibi.
Seules comptent pour l'instant,
Des histoires d'enfant qui vous rendent content.

A Aix-en-Provence, je retournerai je pense,
Voir l'Évêque à l'Evangile grand ouvert
Face aux cyprès verts, qui longent l'allée menant au repère
De ce compère, parfois fou peut être…

Moi, au régime de missel, je m'escrime à placer des bornes
A une affection, qui Sorbonne de mon coeur sans faire la trogne.
Elle demeurera vivace, car fondée sur un respect mutuel tenace,
Qui ne laisse aucune place aux frasques basses.

Au domaine des esprits, je n'ai vu que des phares dans la nuit
Qui volaient au dessus de mon lit,
Pour petit à petit, venir mourir d'ennui
Contre une armoire de Tante Emilie.

A Aix-en-Provence, les champs de l'enfance
Se sont enfuis, afin de casser la croûte en d'autres lieux
Et laisser une autoroute, qui traverse la France
Battre la mesure, au rythme du coeur d'un maître-chanteur.

Les samedis après-midi

25 février 1995

A la salle des ventes,
Mes économies courantes
Ont fait sans me surprendre,
Une sacrée descente.

J'ai chiné toute la matinée,
Et me suis décidé à n'acheter
Que la moitié, de ce que j'avais repéré.

Le bruit du marteau sur le comptoir,
Fait bondir mon coeur haut, quand je viens de m'apercevoir
Que l'on a fait toute une histoire, d'un vieux grimoire
Retrouvé dans le fond d'une armoire.

Quelle désolation, à la vue de tous ces objets
Que des rustres déballent, comme de vulgaires fétus de paille
A la gloutonnerie, d'une assistance aux yeux ravis,
Avides de posséder toutes ces richesses, qui n'ont plus de noblesse
Que dans la détresse de leur actuelle faiblesse.

Joyeux moments, que ces après-midi passés
Dans un hangar froid comme un grenier
Et qui ma foi, me fait toujours rêver
Lorsque je reviens parfois en ces lieux bien-aimés.

Les pendules et les horloges sonnent
Comme des pantins désarticulés,
Funambules qui s'interrogent sur leur devenir proche.

Où vont-ils dormir ce soir,
Dans quel vestibule lugubre seront-ils entreposés,
Avant que leurs acquéreurs ne décident ce à quoi ils seront destinés ?

Des albums de photographies anciennes,
Eventrés sur le coté, parviennent à aiguiser notre envie qui fait sienne
Toute cette famille, désunie par les hasards de la vie parisienne.

Comme le couperet de la guillotine,
Le commissaire priseur tranche en faveur
D'un autre amateur, averti
Sur la valeur de ce lot précis.

Adieu tantes et cousins,
Grands-parents et enfants, seront adoptés
Par un autre collectionneur moins songeur.

Ils n'ont pas eu d'enfance

3 mars 1995

Ils n'ont pas eu d'enfance, ils étaient de l'Assistance
Et pourtant, leur adolescence ne fut pas un bain de jouvence.
Ils avançaient avec méfiance dans la vie, qui n'est que violences
Malgré l'indifférence des passants, qui les toisaient avec arrogance.

Ils formèrent un foyer qui fut si animé,
Qu'aux jours des cimes enneigées, ou des vertes ramées,
Les enfants n'étaient que gaieté et progéniture choyée.

Abandonnés par leurs aînés ou par la destinée,
Ce furent les victimes muettes d'une guerre de tranchées,
Arraché à son aimée, le père partit l'âme en peine retrouver
Les jeunes appelés, sur les champs en cimetières transformés.

La grippe espagnole vint en dix-sept
Joindre son obole, à une vaste disette.
Cette mère si belle encore, fut emportée par la fièvre
Qui ronge les sens et les êtres.

Demeurée seule, en compagnie d'une grand-mère lavandière
Au début des années folles, cette fillette au teint blet,
Connut de l'existence les revers et les regrets.

Orpheline pour la seconde fois,
Elle entreprit d'arpenter les bois
Pour échapper à ceux, qui l'exploitaient sans émoi.

C'est dans cette campagne peu hostile,
Qu'elle rencontra celui qui allait devenir un mari gentil.
Ce ne fut point une idylle,
Mais les affres de l'Assistance qui les réunirent pour la vie.

Ensemble, ils fondèrent une grande famille
Qui parfois en guenilles, vécut des moments de joie subtils
Et fit abstraction des peccadilles
En conservant, une confiance juvénile en la Providence qui jubile.

La neige par petites pincées

5 mars 1995

La neige, par petites pincées
Retrouve la place qu'elle a délaissée,
Au premier rayon de soleil printanier.

Les arbres dansent au dehors
En un corps à corps, qui se joue des effets du vent
Et des giboulées, qui retombent à présent.

Dans les gouttières, la pluie chante un air de clarinette
Qui donne des accents touchants, à cette symphonie
De la nature débridée de toute contrainte désuète.

Elle vit en harmonie avec les saisons,
Et ne dit point de jurons.
Les flocons descendent en une cascade de mousseline blanche,
Et se déposent sur les êtres et les choses qui attendent leur revanche.

Les bourgeons, déjà prêts à éclore en boutons d'or,
Frissonnent à l'idée de devoir encore attendre, une nouvelle aurore
Pour connaître le soleil et ses trésors.

Les chats de gouttières sont inquiets,
Car ils ne voient pas revenir leur amie de bohême,
Et se retrouvent seuls entre minets.

Quand donc reviendra, cette féline
A la fourrure d'opaline, qui anime la coquine,
Toutes les nuits sibyllines ?

Ce sont des concerts de ténors,
Qui vont tirer au sort, celui qui, le plus fort
Bénéficiera des attraits concrets de cette Castafiore.

Des silhouettes rapides et fluettes,
Hantent les toits des maisonnettes.

Du bal de la nuit ils rentreront bien après minuit
Pleins de bosses, telles de vieilles rosses.
Ils célèbreront les noces
D'un matou féroce, et de la fée Carabosse.

Le printemps frappe à ma porte

16 mars 1995

Le printemps frappe à ma porte,
Je m'envole comme une feuille morte
Loin des soucis, qui font la vie et de la mort
Qui ne laisse que remords.

Moi, je ne vis que pour un ici,
Voisin d'un ailleurs, qui me laisse ravi
Quand mes yeux sur toi se ferment, dans un mouvement
Secret, et rentre en rêve en ton firmament.

Maman le printemps frappe à ta porte,
Et tu t'affoles en voyant fleurir les boutons
Sur le front, de ton garçon tout blond.

Blonds, sont les blés superbes
Dansant dans les prés de mon enfance en herbe,
Qui court vers sa dulcinée si belle.

Belle la saison des amours,
Qui nous pousse à rire d'une brindille de paille dans les cheveux,
Après une glissade d'amoureux.

Amoureux fou de l'amour,
Je cours toujours après ces beaux jours,
Qui dorment en moi comme en une douillette demeure.

Demeure à mes cotés ma mie,
Pour que tout au long de notre vie, nous soyons réunis
Au sein d'une famille si jolie, que tous nous envient
De cette paix si rare aujourd'hui.

Aujourd'hui le printemps frappe à ma porte,
Moi je rigole comme une feuille, que l'on froisse et que l'on porte
A la corbeille aux illusions mortes.

Je n'aimerai pas avoir à fermer vos yeux

18 mars 1995

Je n'aimerai pas avoir à fermer vos yeux,
Douce amie de mes rêves.
Nous vaincrons cette maladie, qui vous tient engourdie
Dans un lit d'hôpital, où tout est gris.

Seule, la foi en notre Seigneur
Nous rendra meilleurs,
Et à même de surpasser
Nos forces, pour abattre ce mal.

Je ne veux pas souffrir inutilement,
Donnez-moi un peu de votre peine,
Qui ne sera pour moi,
Qu'une gène passagère et légère.

Nous vivons tous deux cette épopée,
Comme un don du Ciel,
Afin de gagner des Cieux bien plus beaux.

Je ne sais ce que je deviendrai,
Si par un beau soir d'été,
Vous vous avisiez de nous quitter,
Sans même nous avoir alertés.

Que faire loin de vous ?
L'existence déjà me donne un avant-goût
De cette absence, qui ruinera mes sens
Et me videra de mon sang.

Qui donc après vous, sera à l'écoute de mes chimères
Comme une mère nourricière et une amie sincère ?
Moi, je rêvais de vous offrir un train de vie au moins
Vous autorisant, à ne pas travailler pour subvenir à vos besoins.

Hélas, je sais bien que ce ne sont
Que pensées fugaces,
Puisque je ne peux même pas
M'occuper de Louis comme je l'espérais.

Je regrette de ne pouvoir lui donner une famille,
Qui puisse l'accueillir, un lit dans une maison tranquille,
En somme une existence comme celle de tous les enfants de son âge.

Moi, je ne suis pas fais pour supporter une vie réglée
Semblable à celle de mes aînés.
Je ne sais où me mènera la destinée,
Mais je me laisse conduire par la Divine Volonté.

Mon Dieu, éclairez-moi si je me trompe de chemin,
Faites que je n'erre pas trop longtemps dans les ténèbres.
Donnez-moi le courage d'affronter la vérité, et d'accompagner
Une amie bien-aimée, qui commence déjà à me manquer…

Un rocher perdu au milieu de la mer

26 mars 1993

Un rocher perdu au milieu de la mer,
Un rocher sur qui veille la Bonne Mère.
Où est dont ce donjon, dans quel port millénaire
Sert-il de repère aux galères ?

C'est Marseille la coquette,
Qui l'abrite en sa rade de poètes.

Sur les quais flânent encore, quelques grands-pères
Qui se souviennent, de ce temps si austère
Où les vieux murs de ce château fort
Renfermaient, des trésors venus d'orient, de nombreux ports.

Ce gros caillou devenu prison, retenait des malfrats de tous bords,
De droit commun ou des hommes politiques d'alors.
Ces cellules furent le théâtre, d'histoires romanesques
Immortalisées sous la plume d'un écrivain pittoresque.

Le Comte de Monte-Cristo enchaîné là par un souverain féroce,
Scrutait l'horizon en espérant discerner la Corse.

L'île de beauté aux multiples facettes,
Reste indomptée malgré les folles équipées parties à sa conquête.

Cette terre perdue au milieu des flots, est la mère nourricière
D'un peuple digne et fier,
Qui toujours cultive ses origines de corsaires.

Le Château d'If, symbole de l'autorité royale, tient droit sur les récifs
Et toise encore d'un regard vif,
Les navires qui croisent au large de ses pensionnaires captifs.

Toute la famille est assemblée sur le pont,
Heureuse de naviguer sur le « Napoléon »
Qui nous mènera pendant la nuit, sur les rivages de l'île aux passions.

Cet îlot, devenu un site touristique pour badauds,
Peuplera mes rêves d'enfant si le navire ne part pas à vau-l'eau…

Ce vieil air de jazz qui traîne dans mon coeur
30 mars 1995

Ce vieil air de jazz qui traîne dans mon coeur,
Me rappelle à toi sans heurt.
Ce frêle air de jazz qui fit notre bonheur,
Ne résonne plus sous mon toit, quel malheur !

La musique m'accompagne, sur des chemins
Où l'on traîne, les soirs d'été dans la chaleur.
Chaleur de vivre ou chaleur du coeur,
Toi seule peux la faire vivre ma fleur.

Fleur de java s'en va comme ça, dans un souffle de clairon
Du vieux Louis, dont la musique faisait des bonds.
Avec Ella, ils virent danser des générations de jeunes mariés,
Responsables l'un de l'autre pour l'éternité.

Ce vieil air de jazz qui court dans ma tête,
Fait la fête à tous mes souvenirs.
Sourires en coin et de rires pleins,
Pour rythmer cette soirée, où les souris
S'habillent en gris comme à Paris.

Le Métropolitain, dans sa course furibonde
Siffle un air léger, dans ses travées enterrées.
Terré au fin fond des Tuileries, le Dauphin pleure sur ces tueries
Qui décimèrent sa famille meurtrie.

Un rossignol chante sur une branche, aux lilas de mai
Où le vent prend sa revanche, dans un tonnerre
De cymbales vif comme l'éclair.
Eclaire ma nuit mon ami le jazz, qui n'est jamais remis
De ces soirées de folies, s'achevant dans le matin gris.

Un saxo hurle des airs nouveaux, abandonné dans le ruisseau
De la rue, qui monte au Parc Monceau
Pour sauter d'un pied à Saint Germain, où les compagnons
S'apprêtent à s'envoler, aussi haut que la butte Chaumont.

Mais il est doux ce soir, de rêver auprès de l'âtre
Sans but ni trame, à ce vieil air de jazz,
Rengaine que je connais déjazz…

Comment vais-je pouvoir te décrire ?

02 avril 1995

Comment vais-je pouvoir te décrire,
Toi le tableau que je n'ai pas encore peint ?
Tu es né dans ma mémoire un soir d'avril
Et sans crier gare, tu as éveillé mon appétit difficile.

Mon esprit s'engouffre, par une fenêtre ouverte
Sur des champs de lys blancs, bercés par la bise
Et assommés d'un soleil de plomb.

Ce sont des pois de senteurs, qui dans le fond
Donnent cette apparente mer de sang, qui serpente
A flanc de colline avant de venir se perdre, la démente,
Dans un champ de lavandes qui nous rappelleront l'été.

Perdus au milieu des draps blancs,
Les petits sachets disposés avec soin, embaumeront
Cette armoire d'antan, symbole des générations
Qui passent, mais sans oublier leurs ascendants.

Ces piles de linge immaculées,
Oubliées là depuis des décennies,
Attendent qu'une jeune mariée
Les redécouvre, émerveillée
Avec aux lèvres un sourire ravi.

Que signifient donc, ces initiales brodées
Sur le revers de ce drap de lin, qui me semble t-il a peu servi ?
Elles sont l'oeuvre de Tante Clotilde, immuable veuve éplorée
Par une guerre de tranchées imbécile.

Elle conserve bien de son époux affable,
Quelques souvenirs épars.
Mais sa présence s'est enfuie avec lui,
Dans la boue et la pluie.

Elle vit à la campagne
Entre ces vieux murs,
Qui l'ont vu naître
Et bientôt disparaître.

Cette fenêtre ouverte sur les champs et les cyprès,
Laisse pénétrer une bourrasque odorante
Qui rappelle, l'étendue de lys blancs impatiente,
De se voir immortalisée, par le pinceau d'un peintre abstrait.

La pluie tombe ainsi qu'une larme du ciel

26 avril 1995

La pluie tombe, ainsi qu'une larme du ciel
Qui se joue des saisons, coulant comme du miel.
Qu'il est bon de flâner au travers des allées
Vertes de pissenlits, jaunes dans la clarté.

Le pont de bois vert qui enjambe le ruisseau,
Craque sous la masse de mes pieds en sabots.
L'odeur des fougères monte aux narines,
Entraînant mon esprit sur des eaux marines.

Quel soulagement bienfaisant,
Apporte cette brise lointaine pourtant.
Je suis un goéland plongeur,
Frêle oiseau qui plane sur les flots rageurs.

Virer de vague en vague, se retenir,
Piquer sur un poisson perdu par ses aînés,
Songer au bon dîner de choix prêt à s'offrir,
Faible après cette route inachevée.

Le fait d'humer l'air vif,
Chasse les idées fol'.
Seul l'espoir est actif,
Et la peine molle.

Pense jeune Fallot, que tu vivras ici
Avec pour ainsi dire, jamais de soucis.
Tu demeureras vil si tu me dis adieu.
Reste encore parmi nous et soyons joyeux.

Amoureux d'un même univers si vaste,
Nous nous élancerons tous avec grand faste,
Emportés par la gigantesque bourrasque
Qui fait fi, des vertus et des sombres masques.

Arrière vilaines pensées,
Venez fraîches émotions par l'amour glanées.
Triste lot que la détresse
Entretenue, par une parodie de liesse.

Vive la pluie et ses orages de grêle,
Qui détruisent tout sur leurs passages brutaux,
Contre lesquels les paysans prient l'Eternel
De les préserver, des titanesques cours d'eau.

Un amour ravissant

26 avril 1995

Un amour ravissant, un amour est troublant
Lorsqu'il vous amène, à revivre toujours
Les mêmes gestes lents, tribus des jeunes amants
Qui s'aiment ardemment, comme au premier jour.

Tout est à sa place en cette idylle.
Chaque matin nous trouve réjouis, serviles,
Envoutés par l'autre qui ronge le second
D'indicibles remords, et d'appétits virils
Aiguisés à la vue de cet être blond.

Dors mon ange, je veillerai toute la nuit sur ton sommeil.
Tes rêveries et mes envies se rejoindront en haut du ciel.
La rue grise bercera notre lit, ivre
Des amitiés entretenues, parfois libres.

Une vie sans partage, est bien vide
Si l'on oublie tous ceux qui, autour de nous
Sont malheureux ou dans la joie, toujours avides
Et désireux de connaître nombre de remous.

A la claire trentaine

Cormorand, le 6 mai 1995

Avec tes trente ans, tu regardes la vie
Comme une folie, si douce à vivre
Que tu gardes un air et une mine ravis,
Heureuse de toujours pouvoir être libre.

N'oublie pas tes amis, qui sont venus ici
Pour te rappeler les bons moments du passé,
Et mettre de côté, de la vie les soucis
Qui ont bon dos de revenir sans se lasser.

Ce n'est rien qu'une surprise,
Qui se joue des convenances et des « on dit »,
Soucieuse d'apporter polie,
Un peu de gaieté dans nos coeurs d'enfants grandis.

Profitons, bienheureux, des instants alloués
Par cette fée capricieuse, la destinée.
Ensemble rassurés, formons là un groupe
Pour peu de temps raccordé sous ta coupe.

Toute la soirée, nous danserons sans arrêt,
Propulsés par la félicité retrouvée,
Encouragés par un repas copieux, complet,
Arrosé d'un Bordeaux d'une grande cuvée.

Fille aînée d'une famille lyonnaise,
Tu inaugures pour nous une décennie
Que je souhaite, plus bonne que mauvaise,
Pendant laquelle les guerres seront finies.

Retrouvons nos dix ans, et courrons sans cesse
Dans les prés en fleur, ou au long des vieux vergers.
Revenons auprès de nos maîtresses,
Qui nous enseigneront le calcul, l'alphabet.

Riches nous serons, de l'amour entretenu
Par nos parents et nos grands-parents, attentifs
A conserver une famille dépourvue
De sentiments tronqués, et de malheurs nocifs.

Voici la trentaine alerte,
Qui fait de la vingtaine si peu de perte !

Son chapeau melon enfoncé sur la tête

16 mai 1995

Son chapeau melon enfoncé sur la tête,
Il courait les champs et les sentiers de France,
A la recherche d'une frêle guinguette,
Qui lui chanterait sa lointaine enfance.

Devant un Pippermint, il rêve de courtisanes,
Et retrouve dans ses souvenirs ébauchés,
Les douces vacances auprès de Cézanne,
A peindre les paysages des lavandiers.

Il a entrevu ce qu'il pouvait ressortir
De ses songes de précurseur, inassouvis
Symboles d'une existence de cire,
Qui ne pense qu'à explorer sans préavis.

Une atmosphère lourde,
Imprégnée de nombreux maux et de grands malheurs,
Ne rend pas l'oreille sourde,
Mais pousse l'esprit auprès de mondes meilleurs.

Un parc arboré et traversé de chemins,
Mène tout droit vers la rivière libre,
Courant par les vallées pour se perdre sans fin
Dans les sillons, coeur de la terre qui vibre.

Dénuée de stratagème,
Elle offre tous les trésors qu'elle recèle,
Beaux à en oublier Carême,
Pour danser sans retenue sous les tonnelles.

Sur ce tableau peint à l'aide d'un couteau
18 mai 1995

Sur ce tableau peint à l'aide d'un couteau,
Il dévisage celle qu'il a cru aimer
Et qui depuis, gît au fond d'un vaste tombeau,
Oubliée là des hommes pour l'éternité.

Doit-on nécessairement, s'appeler Tristan
Pour retrouver sa douce et tendre Iseult,
Abreuvés de l'élixir d'amour des amants,
Les rendant pour toujours tendrement amoureux ?

Mais le destin décide à sa manière,
Et sépare ceux qui voulaient se réunir,
En conduisant l'un des deux à la bière,
Qui poussera l'autre à se laisser mourir.

Les voyages sur l'eau sont parfois bien rudes,
Ils vous mènent en bateau loin des rivages,
Souvent dans les bras d'une femme peu prude,
Avide de découvrir d'autres visages.

Méfions-nous des chants enjôleurs des sirènes,
Qui voient fondre comme des statues de cire,
Les hommes vertueux à la vie sereine,
Ne s'attendant pas à connaître le pire.

Couchés le long du radeau de la Méduse,
Ils gémiront espérant le dernier repos,
Soucieux d'oublier le regard de leur muse,
Harassés du poids des années, pétris de maux.

Toile mise en scène par Delacroix,
Scrutée des générations, qui ont succédé
A ces navires de haut bord, narquois,
Parcourant les mers sans savoir où se poser.

Au sept Cours d'Herbouville

19 mai 1995

Une Tatan Lilie ça ne s'invente pas,
Elle n'est pas née au hasard de ma fantaisie,
Mais bien présente au jour de mes premiers pas,
Souriante pour nous dire : « Allez-y ! ».

Son dimanche n'est pas consacré au Bon Dieu,
Mais à une Place Bellecour en plein Lyon,
Où elle rencontre les riches et les gueux,
Amateurs de timbres qui valent des millions.

Elle disposait son étal,
Du coté des simples collectionneurs privés,
Face à ces vendeurs pâles,
Gens aux sourires et aux messages figés.

Aidée de son époux portant le chapeau mou,
Homme distingué à la tenue bien mise,
Elle comprenait dans son regard un peu fou,
Qu'il lui réservait encore des surprises.

A quatre-vingts ans passés, ils se retrouvaient
Dans la pluie et le froid, par toutes les saisons
A l'endroit qui l'a vu naître, proche des quais
Où il jouait aux billes, en caleçons longs.

Mais le temps a passé, l'herbe devint ville,
La colline fut transpercée par un tunnel
Sous lequel, ils se réfugièrent fragiles,
Au temps des frisés polis et des colonels.

Aujourd'hui l'appartement reste silencieux,
Arpenté par une dame seule, âgée,
Devenue par abandon, l'aînée des aïeux
De notre famille, qui aime les fêter.

Laurent Mourguet

1ier juin 1995

A la cantine, le samedi à midi
Nous étions là pour manger des cannellonis,
Ou bien des raviolis qui nous tenaient hardis,
Prêts à nous jeter sur le plat ou sur Leny.

En petit nombre, nous restions seuls au collège
Dans ce réfectoire vide, de tous ces cris
Que lancent les élèves, accourus en cortège
Pour avaler les chips, ou la poule au riz.

Rions, de tous ces souvenirs
Déposés dans les cartons de la mémoire,
D'où resurgissent sans salir,
La beauté d'un instant, de joies dérisoires.

L'enfance vous talonne dans l'existence.
Elle reprend sa place quand bon lui semble,
Marquant au fer rouge avec impatience,
Le poids de nos coeurs qui en tremblent.

Blême, je me trouvais sur la mobylette
De ma soeur, garçon manqué fumant des blondes,
Fière de l'engin qui nous tournait la tête,
Le coeur tout joyeux et l'âme vagabonde.

Me voici de retour maman,
Je ne veux plus déjeuner à la cantine
Où l'on mange mal, et pourtant
Tous s'amusent entre deux bouchées, badinent.

Chaque fois, je vous envie le poulet frites,
Dont mes narines n'hument que les relents froids,
Lorsqu'Isabelle me ramène bien vite,
Accroupie sur son cheval d'acier sans effroi.

Les fins de semaine s'écoulent rapides,
Mais moi je suis enchanté en fin de compte,
De lancer un morceau de pain, l'air candide,
Dans les assiettes de mes voisins, sans honte.

Sur les eaux navigue une jolie barque
7 juin 1995

Sur les eaux navigue une jolie barque,
Pleine de rires et de chants de scouts marins,
Animés par une foi, qui se démarque
De tous ces mouvements ne visant que l'humain.

Ce sont de joyeux drilles qui nient le néant,
Plaçant tout leur espoir dans le Dieu fait homme,
Qui convie ceux qui le suivent au firmament,
Lieu de la céleste demeure en somme.

Ils parcourent l'ensemble de notre patrie,
Escortés d'un ecclésiastique jésuite,
Transportant par devers lui, une batterie
De feuillets, remplis de prières fortuites.

Les années passèrent et Kikou a grandi.
Simple louveteau, il devint chef de troupe,
Puis responsable de l'ensemble, des hardis
Qui composent à eux seuls, un vaste groupe.

Lassé de ne voir en la mer que des vagues,
Il entreprit de rester dans la marine,
Animé d'autres desseins, un peu moins vagues
Qu'essuyer des enfants, les humeurs chagrines.

Tel Ulysse en partance pour l'inconnu,
Il succomba ravi, aux chants des sirènes
D'une chorale, qui est à Lyon reconnue
Pour ses prestations, appréciées sur les scènes.

La mer l'a repris par Marine aux yeux verts,
Qui lui fit tourner la tête et chavirer,
Pour en arriver à dire « oui » au Maire,
Et se marier face à Monsieur le Curé.

En fin de compte le scoutisme mène loin,
On vogue sur les flots, rageurs ou apaisés
De la vie qui nous arraisonne avec soin,
Au large de l'enfance bien apprivoisée.

Sur ce banc de fer

14 juin 1995

Sur ce banc de fer, j'attends avec impatience
De passer aux choses tristes, moins frivoles,
Pénibles signes de la fin de l'enfance,
Et des rendez-vous que vous donne l'école.

Il arrive un âge, où tout doit finir
Dans un soubresaut convulsif de mémoire,
Rassemblant toutes les pensées, les souvenirs
Pour conclure brillamment cette histoire.

Mais ai-je vraiment la volonté utile
A la réussite, d'un concours dépassé
Qui ne profite, qu'à des élèves serviles,
Avides de diplômes trop souvent faussés ?

Tout compte fait, il est nécessaire pourtant
De rentrer dans l'amphithéâtre motivé,
Sûr de trouver un véritable passe-temps,
Prisonnier au sein de ces sinistres travées.

Rien ne sert à se dépêcher,
Les copies alignées nous attendent, vierges,
Prêtes à nous voir nous fâcher,
Pour avoir oublié de brûler un cierge.

L'angoisse de la feuille blanche ne vaut rien,
Quand l'immaculé papier aux lignes noires,
Est taché instantanément par le trop plein,
De mon vieux stylo plume à réservoir.

Les idées fusent d'elles-mêmes, sans peine,
Bousculant les sons et les mots, prenant du retard
Sur le rythme vif qui anime mes veines,
Remplies d'un sang chaud me donnant le teint hilare.

Le devoir s'écrit malgré moi, et avance
A pas forcés vers de nouveaux paragraphes,
Suivant ce que me dicte la Providence,
Joyeuse au moment où elle m'agrafe.

Pour tout un vampire

3 juillet 1995

Refrain :   Tombe, tombe la pluie,
             Si fine dans le ciel,
             Souriant sans soucis,
             Du prochain arc-en-ciel.

I –   Amie sublime et fraîche,
        Viens éveiller mes doux rêves
        Qui naissent parfois revêches,
        Peu désireux d'une trêve.

II -   Songes survenus un été,
        Pour faire sursauter d'effroi
        De vieilles personnalités,
        Gloires reconnues d'autrefois.

III –   Ce cinéma dans ma tête,
        Tourne tranquille sans hâte,
        Projetant sur mes lunettes,
        « Le sauvage des Carpates ».

IV -   Dracula vise son retour,
        Prêt à faire peur aux enfants,
        Espérant vivre à son tour
        De vastes dîners rouge-sang.

Refrain :   Coule, coule sans bruit,
　　　　　　Si belle, rouge fiel
　　　　　　Vidant sans préavis,
　　　　　　L'agnelet de son miel.

I -   Demain sera un jour nouveau,
　　　Et le vampire abreuvé,
　　　S'allongera dans son tombeau,
　　　Rêvant d'une autre cuvée.

II -   Douce douche vermeille,
　　　Tu laves sans contexte
　　　Les âmes, jeunes ou vieilles,
　　　Généreuses ou funestes.

Ecrire un livre c'est comme peindre seul

4 juillet 1995

Ecrire un livre, c'est comme peindre seul
Dans le fond d'une pièce lugubre, sombre,
A la recherche d'un soleil dans son linceul,
Miroitant sans fin de lumières et d'ombres.

Une pauvre lucarne éclaire mes mains,
Crevassées à force d'oeuvres inachevées,
Commencées le soir et oubliées le matin,
Sûr de ne pas les voir du public approuvées.

Sur la toile glisse un rayon de lune,
Qui lèche les couleurs déposées par touches,
En bouquets éparses tenant chacune
En son sein, pareilles aux anneaux des souches.

Le sujet s'éveille de lui-même, discret,
Prêt à bondir en mes yeux pleins d'inquiétude,
Guettant l'heureux instant, qui me verra muet
Face à cette surprenante étude.

Comment peut-on parvenir à ce résultat
Dans ces voyages perdus, au creux de l'esprit
Qui vous amène, à dresser un constat
Au Créateur de l'univers, sans parti pris ?

Cette jeune fille aux cheveux bien coiffés,
Prend une pose nonchalante, sans soucis
De se voir par l'étiquette apostrophée,
Et par le peintre à l'ouvrage, raccourcie.

La peinture semble une photographie,
Alors que l'écriture exerce les sens,
Soucieuse de réveiller la philosophie
Qui sommeille, au coeur de notre errance.

Lire un livre, s'est fuir l'orage
Qui gronde au dessus de nos têtes, vides
De toute pensée intéressée, par l'âge
De ce tableau boudé par les sylphides.

Alain Fournier

14 juillet 1995

Alain Fournier tu vécus dans une bulle,
Toi qui rêvais de vastes espaces marins.
L'école de mousses t'a fait prendre du recul,
Et dans ton pays de Sologne tu revins.

Les grandes classes où enseignait ton père,
Formèrent souvent de délicieux refuges,
Quand ta soeur et toi, lisiez en ces repères
De savoureux romans, pleins de subterfuges.

Ce sont ces heures uniques,
Qui t'ouvrirent l'esprit à d'autres sentiments
Pour un amour platonique,
T'accompagnant jusqu'au seuil du firmament.

Pourtant dans sa sobriété, ton passage
Laissa une amitié, qui survivra
A la déchirure d'un destin volage,
T'arrachant aux hommes et à leur aura.

Jacques Rivière entre tous,
Perpétua ta mémoire si brève,
Soucieux qu'on ne l'éclabousse
De nombreux mensonges, dont le monde crève.

Ton spectre rôde dans la campagne sombre,
Passeur des âmes de poètes moribonds,
Dans un au-delà aux délices sans nombre,
Demeure des esprits sages ou vagabonds.

Le Grand Meaulnes t'accorda, un accueil certain,
Auprès d'une jeunesse avide, d'amour
Et de frais émois, qui ne durent qu'un matin
Pour nous enflammer, dans l'existence toujours.

Ainsi à ne vivre que le temps d'un livre,
Tu connais un succès réel,
Qui de la mort te délivre
Et nous pousse, à répondre à ton appel :

« L'amour est un délice perpétuel,
Qui s'ingénie à nous poursuivre pas à pas,
Sur les chemins inconnus ou éternels,
A la recherche de ce monde qui n'est pas ».

Mon ami s'est engagé dans la marine

18 juillet 1995

Mon ami s'est engagé dans la marine,
Et moi je suis resté seul, sur les quais déserts
A promener, ma triste humeur chagrine
Dans le secret de mes pensées familières.

Pourquoi faut-il, que tout change
Alors que nous connaissions, des instants heureux
L'un avec l'autre, comme des anges
Unis par le désir de rester silencieux ?

Douceur de l'adolescence,
Qui vous oblige à vous donner sans compter,
Acteur d'une connivence
Trouvant son achèvement, dans l'éternité.

La grâce de l'amitié, vous retient sans répit
De courir, vers d'autres joies moins platoniques
Dans les bras d'une blonde, sous l'ombre tapie,
Avide d'assouvir son amour physique.

N'est-ce pas plus éblouissant
De se connaître une passion sans borne,
Pour un être que l'on voudrait du même sang,
Que toux ces personnages familiaux mornes ?

Cette fraternité sans cesse en éveil,
Est l'occasion de se comprendre soi-même,
Eclairé par les joyeux rayons du soleil,
Jaillissant des yeux de celui que l'on aime.

Mais ce soir mon coeur chavire, fait naufrage,
Ecoeuré par la houle, qui roule sourde
Aux appels de mon âme devenue sauvage,
Etrangère à cette peine trop lourde.

Je laisse aux courants fougueux,
Cette amertume sans lendemain aucun,
Paisible comme vertueux,
Se confondant avec Dieu et ne formant qu'un.

Par un après-midi pluvieux
22 juillet 1995

Par un après-midi pluvieux, j'ai invité
Des amis qui sont venus, par fidélité
Remplir une pauvre maison délaissée, vide,
Heureux d'entendre d'autres rires limpides.

Qui sont-ils tous ces gens accourus d'un ailleurs,
Souvenir d'une enfance perdue,
Fruit d'une destinée et d'un amour railleurs,
Qui semblent donné pour rendu ?

Ces pierres jaunies par le vent et les années,
Se rappellent des jours passés
A festoyer, remplis de joies momentanées
Et de passions offertes, sans laissez-passer.

La vie est pleine de sentiments épars,
Glanés au fil des saisons aux tendres frissons,
Douloureux instants vécus, sans son comparse
A l'ombre de l'être choisi, plein de compassion.

D'où viens-tu toi ma mie, qui rit
De me voir enseveli, sous les compromis
Et les trahisons d'une société tarie,
Existant par le mensonge et le vomi ?

Soyons vainqueurs de ces mortels,
Ne trouvant leur souffle que dans les richesses
Accumulées, au fil de longues querelles
A la recherche de gains, ou bien d'ivresses.

Enfance plumée

23 juillet 1995

Enfance plumée, enfance gâchée,
Loin des jeux et des rires des arrière cours,
Sur les champs de bataille dévastés, fauchés,
Par le feu de la mitraille, sans un secours.

Cette génération de jeunes citoyens,
Connut les tumultes de l'adolescence
Dans la boue des tranchées, dénuée de moyens
Pour savourer, la joie des premières transes.

Les rats étaient leurs compagnons,
Fidèles confidents qui ne se lassent pas
D'entendre, ces pauvres troufions
Décrire leurs belles, ornées d'appâts.

Ce ne sont que de rudes plaisirs solitaires,
Esquissés au milieu de la nuit profonde,
A l'image de ces vieux célibataires,
Qui après ce geste furtif se morfondent.

Ils ne connaissent de la vie,
Qu'un pâle reflet de la sensualité,
Donnant un sourire ravi,
Aux êtres qui viennent de l'expérimenter.

Pauvres jouvenceaux noyés dans le gaz et l'acier,
Ils ne respirent que des odeurs fétides,
Se transformant à la longue en carnassiers,
Féroces soldats au naturel timide.

Quand pourront-ils enfin exister eux-mêmes,
Après la signature d'un armistice,
Les ramenant auprès de ceux qui les aiment,
Pour tenter d'oublier leur vain sacrifice ?

La joie d'être deux éveille
D'autres sommets, que ces désirs inachevés,
Prémices d'un destin cruel,
Couchant trop de jeunes hommes sur le pavé.

Comment faire lorsque l'on est frères jumeaux ?
25 juillet 1995

Comment faire lorsque l'on est frères jumeaux,
Et que l'on peut se permettre envers l'autre,
Vivant auprès de lui dès l'âge du berceau,
De le considérer comme son apôtre ?

Leurs étés en Crimée, dégageaient la douceur
D'une complicité tendrement exercée,
Quand l'un d'eux est du plus faible le défenseur,
Peiné de découvrir son double controversé.

Les lâchetés se paient un jour,
Au centuple de leur véritable valeur,
Démesurées face au parcours
Accompli, depuis ce moment de grand malheur.

L'existence est faite de renoncements
Envers des passions anciennes,
Nous réveillant à tout instant
Quand de vieux fantômes, en hâte reviennent.

Le regret dévore l'âme,
Ravive les souvenirs qui vous enflamment,
Pour vous laisser dans la sueur
Après une nuit de lutte, sans vrai vainqueur.

Il est malaisé de résister à la chair,
Enjôleuse des coeurs libres,
Les menant au devant de joies éphémères,
Excitant jusqu'à nos fibres.

Pourtant une même attirance, suffit
A creuser un fossé profond,
Au travers des êtres qui ont mis à profit,
Ce qui les réunit au fond.

Une femme peut briser un sentiment pur,
Par les attraits que lui offre la nature,
Diviser ce qui semblait indestructible,
A l'aide de son charme irrésistible.

L'enfance passe au second plan, recalée
Aux jours vides, d'une lointaine vieillesse
Qui saura à de nombreux moments, dévoiler
Des faits oubliés avec délicatesse.

Sainte Marie reine des anges

30 juillet 1995

Sainte Marie reine des anges,
Je vous aime de tout mon coeur
Ma mère, qui me gardez de bien des naufrages
Lorsque je salis mon âme avec rancoeur.

Vous demeurez patiente, dans les outrages
Que vous infligent les hommes, ou vos enfants
Succombant aux faiblesses des jeunes âges,
Mais persuadés de toujours vous trouver, maman.

Je loue le Seigneur dans Ses oeuvres et Ses saints,
Qui sans cesse, nous garantissent leurs prières
Pour ne pas nous battre seuls, contre le malin
Et nous relever des profondes ornières.

Merci de vos intercessions, vous, les bien-aimés,
Du Dieu prenant notre humanité,
Afin de nous racheter, sans jamais blâmer
Nos pères qui ont perdu l'immortalité.

Sainte Rita, auréolée
Par la couronne d'épines du Christ-Sauveur,
Est constamment interpellée
A la rescousse, des hommes dans le malheur.

A Montmartre, elle trône face à l'impie,
Qui de ses ailes balaie la nuit noire,
En son Moulin Rouge de confusion, tapi
Au sein d'une capitale dépotoir.

Mon Dieu souvenez-vous du baptême français,
Et de ces promesses faites
Au temps du beau règne, d'un roi qui caressait
L'envie, d'étendre au faîte
Des cheminées des infidèles minarets,
Votre volonté parfaite.

Que la France retrouve, la foi profonde
Animant l'esprit de ses enfants, imprégnés
Par l'idée de rendre leur terre féconde,
Chère aux yeux du Christ-Roi, qui l'a désignée
Pour phare de la chrétienté dans le monde.

Joe Dassin

6 août 1995

Je vous ai rencontré sur le parcours du golf
D'une cité à l'air coquet,
Près de la mer aux reflets changeants, et aux golfes
Clairs comme le chante Trenet.

Vous jouiez entouré de fans
Et d'amis, qui vous suivaient pas à pas, surpris
De vous voir ainsi réussir, en profane
Les trous, sans avoir rien appris.

Mes parents m'entouraient, escortés de deux soeurs
Qui regardaient avec émoi, ce beau chanteur
S'escrimer à quelques mètres de nous, souple
Au maniement d'un club, au milieu des couples.

De mes yeux d'enfant je pensais, tel au musée,
Toucher cette étoile, qui brillait non loin
De ce petit bonhomme bancal, amusé
Par cette foule courant dans tous les recoins.

Moi, je marchais par le regard,
Guettant chacun de vos gestes,
Faisant confiance au hasard,
Et ne doutant pas du reste.

Mais vos pensées secrètes, étaient dirigées
Vers la longue voiture américaine,
Où votre épouse attendait de partager
Avec vous, une intimité sereine.

Je garde ce jour unique en mémoire,
Même si les années sont passées rapides,
Faucheuses de cette vie, qui vous a vu choir
Au sommet de votre carrière limpide.

La bande à Bono

6 août 1995

Sur les départementales,
De joyeuses bandes armées
Provoquaient un bruit infernal,
A l'ombre des fraîches ramées.

Qui étaient-ils, jeunes voyous motorisés,
Obsédés par une charitable idée :
« Voir les cupides et gras bourgeois détroussés,
Afin de nourrir les pauvres vieilles ridées » ?

Mais les hirondelles, veillaient
A localiser la blanche Dedion-Bouton,
Qui dans le vent violent, roulait
Poursuivit par une kyrielle de matons.
Quand elle eut réussi de vastes larcins,
La bande à Bono voulut se reposer,
Fatiguée d'avoir amassé de tels butins,
Et de se sentir pour tous les maux accusée.

Pourtant ce ne sont pas de si mauvais garçons,
Même s'ils se montrent cruels, envers les gens
Qui s'opposent à leurs desseins dans un frisson,
Sûrs de pâtir de leur courroux intransigeant.

Les brigades créées par Monsieur Clémenceau,
Se sont employées, tels de féroces tigres,
A combattre pour précipiter au ruisseau
Ces truands, que les honnêtes gens dénigrent.

Ce début de siècle, sera le théâtre
De l'affrontement, de brigands sans scrupules
Face à une équipée opiniâtre,
Voulant anéantir ces belles crapules.

Mais la Grande Guerre surgit sans prévenir,
Qui du chat ou de la souris,
Envoyant au front de nombreux hommes, mourir
Dans une vaste boucherie.

Personne ne songe à condamner ces morts,
Les gouvernants délivrant un laissez-passer
Aux meurtriers, sans un quelconque remord
De ces innocents et inconnus trépassés.

Nous vivons une fin de siècle dans l'ombre
21 août 1995

Nous vivons une fin de siècle, dans l'ombre
De la guerre qui pointe le bout de son nez,
Comme jadis au moment des heures sombres,
Que vécurent dans la détresse nos aînés.

Pas de pain ni de confiture pour manger,
Afin de retrouver les forces, qui manquent
Quand l'on veut se rendre utile, s'engager
Dans une lutte aux tonalités franques.

Aujourd'hui, mon pays a perdu cette foi
Qui lui permettait, d'affronter tous les dangers
Avec la témérité des gens d'autrefois,
Courant sans peur au devant de l'étranger.

La France était unie par une cause
Juste et véritable, sans faux-semblants
Qui viennent tout gâcher, et s'interposent
En face de cet idéal les rassemblant.

Les marées sanglantes gagnent notre globe,
Et submergent nos civilisations, mortes
De ne pas avoir réagi à l'opprobre
Faite, contre nos pères devant leurs portes.

La paix des forts est toute autre, que celle
Des faibles qui n'aspirent qu'au soulagement,
D'instincts dictés, par leurs natures charnelles
N'apportant somme toute que désagréments.

Une bonne entente est sans conteste,
Le fruit d'un accord juste et proportionné,
Ne reposant pas sur des lâchetés, restes
D'une couardise mal intentionnée.

Ne vivons plus dans les petits renoncements,
Courons vers l'avenir qui nous promet toutes
Les grâces du Ciel, si nous prions pieusement
Notre Créateur, seul maître de nos doutes.

Que faisons-nous sur les quais, seuls ?
7 septembre 1995

Que faisons-nous sur les quais, seuls
Dans cette gare vide, sans destinations
Si ce n'est ces gens, qui veulent
Voyager au sein d'une autre dimension.

Point d'amoureux s'enlaçant, éperdus d'envie
Pour retrouver l'autre au cours des jours prochains,
Amaigri par l'angoisse de revoir ravi,
L'objet de pensées secrètes, unique bien.

Au lieu des mouchoirs, ce sont les papiers collants
Qui volent au long des rails, pour suivre le train
Roulant silencieux dans la brume, à pas lents
Vers un ailleurs inconnu, tel un malandrin.

L'odeur des locomotives, emplit le nez
Des individus droits, debout face au vent,
Regardant s'enfuir, ceux qu'il leur était donné
De chérir, sans songer à soi dorénavant.

Combien sont cruelles ces séparations folles,
Destins obligés des rencontres de hasard,
Faites près de rivières qui caracolent
Au gré du relief, de courbes qui s'égarent.

Heureusement, le buffet console les pleurs
Et rassasie sans vergogne, les estomacs
Des jouvenceaux criant famine, à l'heure
Où les enfants sont encore en pyjamas.

En commandant un copieux petit-déjeuner,
Ils posent les yeux sur un être de rêve,
Oubliant d'un coup, celui que la destinée
Envoie à toute vapeur sur d'autres grèves.

Ce n'est pas seulement un roman de gare,
Mais bien un embranchement au coeur du réseau,
Un signal de notre passage à niveau
Dans l'univers des adultes, chefs de gare.

Les oiseaux chantent

12 septembre 1995

Les oiseaux chantent,
Les oiseaux chantent tout près de moi.
Un rossignol sur une branche me dit :
« Comment ça va ?

Toi qui es ici-bas pour mettre tes pas dans ceux de tes aïeux,
Tu ne peux comprendre quel est mon plaisir de voler,
D'atteindre les cimes et de plonger
Dans les paysages, grandioses et variés
Qui forment un magnifique panorama,
Pour qui sait leur prêter quelque attention.

Vous êtes collés à la terre et, quoi que vous rêviez
Vos bras ne se voient pas pousser des ailes au blanc duvet.
La seule chose que tu puisses accomplir pour être à mon image, est
 De chanter comme un gai pinson, ou bien telle une douce tourterelle.

Certains enfants portant une croix de bois,
Possèdent un gosier aussi limpide que celui du moineau
Qui vient de naître, mais après de courtes années d'enchantement,
L'adulte prend le dessus et tue dans l'oeuf, cet oisillon si frêle ».

Les oiseaux pleurent,
Les oiseaux pleurent sur mon destin.

Ils m'envoient de jolies mélopées,
Qui adoucissent ma rancoeur et me font taire
Qu'il est temps pour moi, de revenir les pieds sur terre
Afin de retrouver nos infirmités.

Une amitié décalée

12 septembre 1995

Une amitié décalée
Est lourde à porter, pour l'enfant que je suis
Tout au fond de moi, refoulé
Par le quotidien et son cortège d'ennuis.

Pourquoi ne pouvons-nous pas vivre, sans crainte
De blesser ceux qui nous entourent tendrement,
Une complicité unique, non feinte
Avec l'être nous ressemblant étrangement ?

Il ne s'agit pas de relations malsaines,
Attisées au pied d'une porte cochère,
Ou dans des sanisettes peu puritaines,
Lieux de rendez-vous des folles éphémères.

Non, c'est un lien tout autre qui nous réunit,
Permettant une intimité de l'esprit,
Au contenu et aux aspects seuls définis,
Par l'envie de transmettre ce que l'on a appris.

Bien sûr, cette affection peut sembler laide
A ceux, qui n'admettent pas une main posée
Sur une épaule, comme un appel à l'aide
Lancé vers celui, dont on n'est jamais blasé.

Ces sentiments sont si profonds,
Qu'ils vous paraissent voués à l'éternité,
N'ayant cure du temps sans fond,
Et des critiques de la bonne société.

Ce sont ces contradictions, qui donnent du sel
A ces moments privilégiés,
Dénués de calculs d'intérêt, et du fiel
Envenimant toute relation orchestrée.

Wagons-lits, wagons si ternes

6 octobre 1995

Dans le train en partance pour Toulouse,
Je retrouve mes souvenirs de petit fou,
Quand voyageant au nombre de dix ou douze,
Nous rêvions de fantômes et de loups-garous.

Bien serré sur le coeur de ma douce maman,
Je m'endormais, tendrement
Bercé par le cliquetis des wagons rouges,
Bruyants comme un vieux bouge.

Quelle merveille, de passer une soirée
Dans cet univers calfeutré,
Sûr de trouver à l'arrivée,
Cette ville rose aux pavés délavés.

Cours le train toute la nuit,
J'oublierai pour un temps les Tuileries,
Revoyant mes jeunes années,
Gambader au sommet des Pyrénées.

Et demain matin, sur le quai
Une famille amie viendra m'accueillir,
Répétant tel un perroquet :
« Quelle bonne idée as-tu eu de venir ! ».

Courons vite auprès de la Cathédrale,
Saint Etienne nous y attend,
Pour accompagner dans sa marche nuptiale,
Dominique au coeur battant.

Agenouillés face à l'autel du Bon Dieu,
Nous prierons tous avec les larmes aux yeux,
Afin que ce jeune couple, vive toujours
Baigné dans une ambiance de paix, d'amour.

Adieu petite fille aux tresses noires,
Tu as grandi bien trop vite.
Lorsque je te scrute au travers du miroir,
Je contemple ma faillite.

Dis-moi l'ami, train de la vie,
Dans quelle gare comptes-tu me déposer ?
Un jour de grande pluie ou baigné de rosée,
Ce sera toujours l'air ravi…

Une coupe de fruits rouges

14 octobre 1995

Une coupe de fruits rouges,
Déposée sur un buffet en bois d'ébène,
Attend que plus rien ne bouge,
Avant de goûter cette heure sereine.

Les grappes de raisin noir,
Regorgent en abondance, des lumières
Et des saveurs nées du terroir,
Propres à cette Provence familière.

Ce bouquet, offert à la fin de l'automne
Par la nature fatiguée,
Fait oublier dans la maison qui frissonne,
L'hiver pressé de bourlinguer.

Superbe nature morte,
Trônant seule à l'angle, d'un meuble vieilli
Par les mains molles ou fortes,
De tous ces personnages qui l'ont accueilli.

Quel peintre voudra, dans son atelier obscur,
Figer un jour cette image d'Epinal
Au sein d'une aquarelle fixée au mur,
A galons blancs et ors d'un salon provincial ?

Ce sont des atmosphères du siècle dernier,
Reflétant la vie d'une lointaine France,
Où les individus n'étaient pas prisonniers
D'une télévision, source d'ignorance.

Souvent en semaine, vous rencontriez là
De jeunes lettrés, désireux de partager
Les joies procurées par un Emile Zola,
Ou la lecture d'un refrain de Béranger.

Aujourd'hui, ce sont fruits gâtés,
Dispersés aux quatre vents de la mémoire,
Collective désargentée,
D'un peuple si oublieux de son histoire.

Mon ami, mon gentil ami

30 octobre 1995

Mon ami, mon gentil ami,
Pourquoi t'éloignes-tu loin de moi vers la mer
Qui berce, triste infamie,
Les verdâtres algues des flots au goût amer ?

Tu te trouves au fond de ton lit, fatigué,
Et moi je suis dans l'inquiétude, sans savoir
Comment te rejoindre pour aller bourlinguer, naviguer
Ensemble, sur le pont de ton bateau-lavoir.

Mais tu demeures seul maître de ce vaisseau,
Dont tu connais les nombreux recoins, du château
Echoué sur les hauts d'Antibes, loin de Thau
Et de ces étangs où tu jouais jouvenceau.

Si jolie que fut ton existence passée,
Tu ne parles qu'au futur qui nous réserve
De multiples occasions, pour nous exercer
A la poésie avec fougue et verve.

Les sonnets sont comme les oiseaux migrateurs,
Ils s'en vont aux jours de froid et de brouillard,
S'en revenant au temps des lilas en fleurs,
Réinvestis par les moineaux railleurs, braillards.

C'est chez toi qu'éclatent les mimosas jaunes,
Embaumant tout le jardin d'un parfum sucré,
Emporté par la brise légère, marine,
Vers des endroits inconnus aux reflets nacrés.

Mon ami, subtil ami,
Pourquoi t'éloignes-tu de moi pendant l'hiver,
Qui ne nous offre d'accalmie
Qu'en soirée, assis devant un feu de bois vert ?

En odeur de saleté

1er novembre 1995

Seul vers la locomotive,
Je revenais de vacances,
Isolé des autres voyageurs, convives
Rebutés par l'odeur de fromage rance.

Ivre de joie, mais harassé de fatigue,
Je retournais chez mes parents,
Crotté jusqu'au bout du nez, enfant prodigue
Amoureux fou de Cormorand.

Sautant sur le quai en gare de Perrache,
Une multitude d'individus courait
Dans l'espoir, d'attraper un wagon pour Garches
Ou d'échapper au contrôleur portant béret.

Cette fourmilière m'impressionnait toujours,
Ravi de marcher au sein de ce tumulte,
Afin de rentrer au logis après ces jours
De dépaysement, dont mon coeur exulte.

Demain matin, sonnera la cloche fêlée
Du pensionnat, ancien séminaire lyonnais
Qui me laisse des souvenirs inégalés,
De camarades et de Monsieur Boissonnet.

Mais pour l'heure il me faut rejoindre papa,
Assis depuis trop longtemps dans sa Mercedes,
Garée sur le Cours Charlemagne à deux pas,
Curieux de voir le résultat de mes prouesses.

Son visage s'obscurcit à mon approche,
En découvrant l'état de mes vêtements
Et du bonhomme ravi, qui lui décoche
Un beau sourire épanoui, désarmant.

Il en est quitte à conduire, tout du long
Dans un courant d'air fortuit, pour évacuer
Les relents de fumiers colportés, quel souillon,
Par ce sauvage qu'il lui faudra récurer…

Villereversure

17 novembre 1995

Sur nos bicyclettes jaunes,
Nous allions par les monts et les vallées, baignés
Sous un fier soleil d'automne,
Ou arrosés d'un jeune astre printanier.

Nous n'avions que quinze ans, et pourtant déjà
Nous passions des congés seuls, ou accompagnés
D'une vieille grand-mère, qui ne ménagea,
Pas ses efforts pour nous recevoir à dîner.

Dès l'aube, j'enfourchais ma petite reine,
Pressé d'atteindre les abords du Pont-Bichat,
Afin de goûter à la joie souveraine
D'une matinée, à pêcher près du bâchât.

Mais surtout, nous attendions le moment béni,
Où le doux grand-père venait discuter
De la vie, et de nos épuisettes fournies,
Pleines de gardons que nous devions rejeter.

Tout à trac la patience nous abandonne,
Amoureux de cette eau claire qui coule
A nos pieds, charriant parfois des odeurs bonnes
A vous écoeurer, d'habiter loin des foules.

C'est la rançon de la campagne d'aujourd'hui,
Immuable vision des âges écoulés,
Subissant l'agression des multiples bruits,
Qui se joue de tous les petits bonheurs éculés.

Maintenant, après les mobylettes folles,
Et les voyages passés dans la Micheline,
Je retourne en ces lieux du souvenir, seul,
Imprégné de toutes ces sensations fines.

Le Suran coule encore près du Moulin,
Mais les cannes à pêche se sont envolées,
En quête de l'aïeul disparu, un matin
Pascal, sonnant les cloches à pleine volée.

Les postiers du ciel

30 décembre 1995

Une boite à chaussures
Renferme tous mes souvenirs.
Elle est rouge ou azur,
Mais toujours pleines de soupirs.

Que de larmes ai-je versé sur ces lettres,
Courtes dépêches ou prodigues missives,
Expédiées d'une ligne de front peut-être,
Ou d'une lointaine campagne lascive.

Amitiés de vacances au bord de la mer,
Excursion sur les sommets d'une montagne,
Pensées griffonnées dans le chemin de fer,
Vagabondent au fil des mots et des lignes.

De longues tirades suffisent à dire,
Tout le bien que l'on pense d'une personne,
Et le mal qui nous assaille et nous façonne.

Les phrases courent toutes seules, talonnées
Par la plume qui trépigne à l'arrière,
Pressée de coucher sur le papier galonné,
Les idées ne butant sur aucune pierre.

Les enveloppes messagères de nos coeurs,
S'envolent dans les oiseaux d'acier modernes,
Pour franchir des océans en quelques heures,
Et atteindre Buenos-Aires ou Sauternes.

Elles emboîtent le pas des illustres as,
Nés aux prémices de l'Aéropostale,
Splendides pionniers des Andes ou de l'Atlas,
Qui connurent parfois une fin brutale.

A l'arrivée, elles glissent sous les portes,
Attendues par leurs destinataires, fiévreux
De lire un aveu, qui vous réconforte
Ou vous masque soudain d'un visage cireux.

Enfermés dans un carton à souliers vernis,
Ces bien étranges passeports vers le rêve,
Ne demeureront pas lettres mortes, que nenni,
Mais soutiendront l'espoir tel un porte-glaive.

Année 1996

« Leurs uniformes bleu azur,
Salis par des mois de privations funestes,
Jonchaient le sol comme des poires trop mûres,
Chues sans demander leur reste ».

Dardilly

13 janvier 1996

Un carré de vigne suivi par un vieux verger,
Suffisent à me remémorer, mon enfance
Passée à courir sur les sentiers, ravagés
Par les pluies d'automne dans leur véhémence.

J'habitais une frêle cabane, perchée
Au faîte des vastes chênes, formant une haie
Le long du ruisseau irrigant le maraîcher,
Avant d'abreuver quelques vaches qui paissaient.

Quand les bottes de foin jalonnaient la prairie,
Nous nous cachions par derrière ces murailles
Offertes à la fin de l'été, qui se rit
Des jours passés à préparer les semailles.

Les poiriers usés par les ans,
Produisaient encore de maigres fruits sucrés,
Fondant dans nos gosiers avides, et gourmands
De ces trésors pour nous sacrés.

Au temps des arbres roux, brûlés,
Un bosquet de noisetiers regorgeait de vie,
Et de baies cueillies par bolées,
Si délicates qu'elles nous laissaient ravis.

Tous les enfants du quartier, connaissaient pour sûr
Ce coin champêtre, où le calme subsistait
Loin de l'agitation ambiante, des murmures
De ce village aimé qui périclitait.

Chacun venait s'y réfugier,
Pour bavarder quand sonnait l'heure du goûter,
Assis près d'un vieux châtaignier,
Ou bien allongé sur l'herbe à se gratter.

Depuis, les bulldozers firent leur office,
Déracinèrent la vigne,
Pour laisser la place vide, sans prémices
D'une nature dont les hommes soient dignes.

Mais ma mémoire garde fidèle ces lieux,
Où je vécus en bienheureux
A l'écoute de la Création, et des Cieux
Qui me rendirent valeureux.

Lourdes

20 février 1996

Grand-mère, allons ensemble
Par le train revoir Notre Dame de Lourdes,
Dont le vaste pèlerinage, rassemble
Des fidèles parfois sourdes.

Nous soignerons les malades,
Dont le courage m'éblouit chaque année
Un peu plus, comme cascade
Tombant sur un parterre patiné.

Nous voici à Sainte Blandine, pour cinq jours
A panser et cautériser les blessures,
Des corps et des âmes bénies, qui vont toujours
S'apaiser face à l'Amour qui rassure.

Les toilettes sont ingrates,
Mais l'espérance vive, en ces sourires
Pleins de douceur, quand l'on rate
Une manoeuvre pour éviter le pire.

S'éveille dans l'instant, une complicité
Qui nous entraînera tous unis à bon port,
Après ces journées de simplicité,
Et de découverte de l'autre sans temps morts.

Le quinze août vaut une éternité
De joies, si peu visibles dans le quotidien,
Que loin de nous en éloigner à satiété,
Il nous fait revenir à lui mine de rien.

Grand-mère, j'ai de la peine
De ne point t'avoir près de moi,
Mais je suis persuadé que tu fais tiennes,
Toutes ces grâces qui nous poussent à la foi.

Sur la route enchantée

21 février 1996

Sur la route enchantée,
J'aimerais aller le coeur ivre de chansons,
Et de poèmes printaniers, qui fleurent bon
Les vacances et l'été.

Retrouvons la mer et ses reflets verdâtres,
Qui vient lécher sans préavis
Les longues côtes sablonneuses, théâtre
A ciel ouvert, de la vraie vie.

Les corps sont oisifs et les esprits ramollis
Par le soleil brûlant, au faîte de sa gloire
Là haut dans l'azur, avec les anges polis
Racontant au Bon Dieu nos simples histoires.

Des châteaux forts de fortune,
Naissent au gré des fantaisies enfantines,
Au creux du sac et du ressac
Des vagues furieuses, qui laissent tout en vrac.

La France est belle lorsqu'elle est calme,
Débarrassée des agitations sociales.
Elle retrouve son charme
D'une constance égale.

Cette grande dame demeure assurée,
De conserver tous ses amants,
Qui chaque année viennent la rassurer
De leur affection du moment.

Puissent, les tendres jours de joie
Reparaître à l'horizon,
Et nous entraîner tels de gentils villageois,
Au long du chemin des saisons.

Sur la route enchantée,
Je chante à l'unisson
Des merles moqueurs, polissons,
Un air qui vient de m'habiter…

Jacky et Jeannot

2 janvier 1996

Ils étaient deux garçons vivant
Dans le même village, perdu au milieu
De la campagne et des champs,
A mille lieues de Cize et de Marlieux.

Chacun d'eux aimait l'autre comme son ombre,
Mais il fallut cacher ce secret périlleux,
A toute une population sans nombre,
Coutumière de leurs voisins et des aïeux.

Comment expliquer à ces gens parfois gentils,
Le fait de ressentir les mêmes sentiments
Pour un personnage devenu son amant,
Que ceux glanés auprès d'une jeune fille ?

Alors, les prés et les bois alentours formaient
Le cadre de leur idylle,
Couchés au creux des jonquilles,
Unis loin des yeux désormais.

Mais cette histoire, la morale blessant,
Finira dans le vacarme d'un accident
D'automobile, élancée à plus de cent
Sur un virage, par l'un de ces imprudents.

Demeuré le seul témoin de sa détresse,
Le survivant de ce couple peu vertueux,
Attendit quatre ans encore pour, malheureux,
Rejoindre au Ciel l'objet de ses faiblesses,
Fauché par le destin en pleine jeunesse.

De ces amours contre nature, personne
Ne se souvient en cette région isolée,
Si ce n'est un passant de hasard, Kyrie-Eleison,
Qui surprit un soir cette passion muselée.

Des foyers se sont éteints, laissant la place
Aux générations nouvelles,
Mais moi je sais, qu'en ma mémoire vivace
Elle restera fidèle.

La pince à cornichons

15 mars 1996

Avec les restes de midi,
On prépare un bon souper,
Loin des bruits de l'après-midi,
De la sieste entrecoupée.

Grand-mère ressort le gigot,
Cuisiné sur un canapé de flageolets,
Que nous avalerons sans le moindre délai,
Lorsqu'il surgira du frigo.

Après ce dimanche d'été,
A l'heure où le soleil décline au loin,
Nos estomacs gargouillent de joie, invités
De nouveau autour de cette table, garnie avec soin.

Cette collation impromptue,
Se poursuit dans une atmosphère lourde,
Gonflée par la chaleur du jour, qui s'évertue
A nous donner une démarche balourde.

Le pot à cornichons passe de mains en mains,
Intercepté par les plus jeunes, qui aiment
Utiliser leurs doigts comme tous les gamins,
Pour plonger dans le vinaigre sans problème.

Soudain, une voix résonne,
Comme le tonnerre devance l'orage,
Réveille de leur langueur chaque personne,
Et dénonce l'inexpiable outrage.

Le coupable est assailli de reproches,
Et reçoit pour conclure, une belle taloche
Expédiée par son père rouge de honte,
Soucieux de ne pas être laissé pour compte.

Alors tout le monde s'active, pour finir
Rapidement cette journée,
Non pas dans les larmes, mais avec le désir
De se revoir moins chagrinés.

Vous êtes venue dans ma vie pour me réjouir
9 avril 1996

Vous êtes venue dans ma vie pour me réjouir,
Et non pas pour me faire souffrir,
Comme ces maux physiques qui me tiennent cloué
Au sol, incapable de voler.

Votre visage s'illumine, chaque fois
Que je songe à vous ma bien-aimée perdue,
Depuis qu'un matin la mort accomplit sa loi,
Sourde à mes appels d'angoisse éperdue.

Ce fut le premier chagrin que vous me fîtes,
Dès lors que nous nous rencontrâmes, un beau jour
De mars en votre église favorite,
Qui conserva votre préférence toujours.

Moi, je cherchais un lieu de pieuses prières,
Où me préparer à cette Confirmation
Qui s'avéra, source de vraies lumières,
Mais également de rudes tribulations.

Depuis, rien ne me départit de cette foi
Qui me conduisit, sur les chemins de l'amour
A vos côtés, mais bel et chaste toutefois,
Dénué de la chair et de ses atours.

Sans effort, nous ressentîmes tout ce que l'autre
Méditait en son cœur, et ne pouvait dire
Qu'au travers d'un langage devenu nôtre,
Et dont nos regards ne pouvaient que resplendir.

Ce soir, vous êtes derrière mon épaule
A lire ces quelques lignes, tracées sans but,
Si ce n'est celui de vous exprimer, Paule,
Ma gratitude pour ces années de lutte.

Merci pour votre courage
Au temps de l'épreuve, je crois inattendue
De la maladie sans bornes, qui nous ronge
Comme le vers né au coeur du fruit défendu.

Mais loin de contribuer à votre chute,
L'invitée indésirable
Vous fit choisir les richesses véritables,
Celles qui dès lors vous seront échues.

Auprès de la Sainte Vierge,
Vous frôlez son voile de gloire céleste,
Et la priez d'accomplir pour nous un geste
Qui nous éloigne, du mal et de ses pièges.

Conte à rebours

11 avril 1996

« Georgio ... dong ! Georgio ... dong ! Georgio ... dong !
Mais où vas-tu ? Dong ! Attends moi ... dong ! ".

La petite pendule de Mamoune venait de sonner l'heure de None, avec son timbre cristallin, presque inaudible et en même temps reconnaissable entre tous. Posée sur une sellette de style Louis-Philippe, elle trônait là, seule, abandonnée dans cette anti-chambre feutrée, où deux bergères Louis XV lui faisaient face.

Grand-mère aime ce mélange des genres en matière de mobilier. Pour sûr, cette conception de l'ameublement ne convient pas à tous : Papily, aux jours où il demeurait parmi nous, prenait soudain de terribles colères, ulcéré par l'acquisition d'un nouvel objet, qui venait compléter cette étrange mixture. Mais moi, avec mes yeux d'enfant, je ne vois sur l'instant, après la disparition de Georgio, que ce curieux assemblage de verre et de laiton, duquel résonne un tic-tac continuel, nullement perturbé par mes exclamations.

Selon Mamoune, grand-père l'emmena avec ses bagages, lorsqu'il partit dans la précipitation et l'étonnement, rejoindre le « Petit Empereur » aux portes de Sedan. A travers les fines vitres biseautées, le soleil aiguise ses rayons et transperce de lumière le mécanisme d'horlogerie subtil. Depuis des années, les roues crantées tournent inlassablement dans un lent mouvement de rotation régulier. Alors se déploient devant mes yeux, toutes ces armées aux ordres de l'Empereur vieillissant, fatigué d'un règne plus étendu qu'il n'aurait jamais pu l'espérer.

« C'est pourquoi – me dit mon aïeule, à chaque occasion où elle m'aperçoit en train de rêver devant cette cage de verre – on l'appelle une pendule d'officier ».

Moi je l'admets volontiers, mais Georgio ? Qu'en pense t-il ? Et puis d'abord, quelqu'un pourrait il ici, me dire qui il est vraiment ? Tous en parlent mais aucun ne le désigne. Il est, d'après Sophie, l'esprit de famille … de notre famille ! La vieille cuisinière, voûtée au dessus de son fourneau à charbon, a bien de la chance d'entretenir une telle certitude en son coeur. Mais pour moi, rien n'est moins sûr. Ne serait elle pas abusée par les vapeurs de tous ces bouillons et ragoûts qu'elle mitonne presque jour et nuit ?

Non, pour moi Georgio est « l'Ami », le seul que je n'ai jamais vraiment eu. Il vient souvent me border le soir et tous deux nous récitons nos prières à genoux :

> « Notre Père qui êtes aux Cieux, que Votre Nom soit… O zut ! Sacrifié ? – non, sanctifié ». Et ainsi de suite. Nous nous corrigeons l'un l'autre, pour que le marchand de sable puisse fermer nos paupières sur l'image d'un monde où tout est différent.

> « Allez Bruno, cesse de parler pour ne rien dire et endors toi vite. Un homme ne jacasse pas dans le vide comme une oie !

- Mais papa, je ne suis pas seul, Georgio est là près de moi…

- Encore ce Georgio ! Mais enfin, comment faudra t-il t'expliquer qu'il n'existe pas et que tu n'es plus à l'âge où l'on rêve ?

- Pourtant…

- Il suffit ! J'éteins le chevet et n'en parlons plus ».

Une fois la porte close, dans l'obscurité profonde retentit l'officier à la pendule qui annonçait déjà neuf heures du soir. Soudain, près de la fenêtre, entre les rideaux de velours épais, apparut mon compagnon de solitude. Vêtu d'un uniforme de collège anglais, à gros boutons de cuivre sur un blaser croisé, Il me dévisageait de ce regard si doux que possèdent les enfants qui souffrent.

Une larme salée coula sur sa joue laiteuse. Il la chassa du revers de sa main droite et passa ses doigts dénués de nervosité, dans sa chevelure de feu, dont les boucles paraissaient autant de flammes. Le bout de son nez court remua aussitôt. Ses yeux s'éveillèrent comme deux lanternes ôtées de sous le boisseau. Il découvrit ses dents d'ivoire dans un rictus familier et enjoué.

« Sais-tu ce que nous allons entreprendre ensemble ? – Je le regardais avide de ces paroles pleines d'espoir…

- Non, – répondis-je – mais me voila prêt – murmurai-je en tentant de sortir de mon lit.

Georgio leva les bras et dans cette attitude impérieuse, me cloua sur place.

- Malheureux ! pas de la sorte, mais au travers de tes songes. Tu sais très bien que moi-même je ne marche pas, je passe… Ferme tes yeux et pense très fort à moi. Alors, nous nous rejoindrons dans le couloir qui longe la chambre de Mamoune ».

L'instant d'après, je me trouvais sur le tapis persan, aux reflets changeants à souhait selon l'heure du jour. Accroupis comme pour le départ d'une course à pied, je me redressais et voyais Georgio à mes côtés, debout les bras en croix sur la poitrine.

« Alors, tu vois comme tout est aisé quand nous le désirons vraiment. Allons, hâtons-nous car le temps passe et les minutes me sont comptées...

- Pourquoi comptées ?
- Tu le sauras bien assez tôt, en route ! ».

Il me prit par la main et nous nous déplaçâmes sans efforts, du moins me sembla t'il. Nos jambes demeurèrent immobiles, mais nous passions... L'anti-chambre de grand-mère, la pendule et hop ! Onze coups de butoir sur le gong et nous voilà au milieu d'un vaste champ labouré :

Derrière, un clairon joue le rassemblement. Au centre, une salve éclate, meurtrière sûrement, mais les balles sifflent à travers nos corps sans les déchiqueter. A tribord, une section d'artilleurs est prête à riposter, coiffée de casques à pointe. A bâbord, des hommes aux panaches rouges s'élancent et hurlent « Vive la France, vive l'Empereur ! ».

Georgio et moi-même, nous trouvons à la croisée de ces mouvements de troupes et soudain, le porte flamme des couleurs bonapartistes apparaît, le visage empourpré par sa course effrénée.

« C'est Papily Georgio ! C'est Papily ! Mais il n'a pas cette belle barbe blanche et ces favoris qui le désignaient entre mille...

- A cinquante ans d'intervalle, l'apparence change tu sais...
- Nous... nous sommes en...
- En 1871, en pleine débâcle,
- J'ai peur, rentrons chez Mamoune, vite ! ».

Le timbre cristallin retentit une fois et nous revoilà accroupis sur le tapis persan, disposé face au petit salon de grand-mère. Georgio me saisit la main et nous passons le long du vaste corridor familial, pour me retrouver enfin allongé dans mon lit.

« Dis-moi Georgio, qui es-tu vraiment ?

- Je suis le lutin des pendules, celui qui se souvient de vous, l'esprit de famille en somme.
- Alors Sophie avait raison. Mais que fais-tu ?
- Je passe le temps... ».

Dame Aron et Dame Arais

9 mai 1996

Chaque automne, une vieille voisine
De ma grand-mère, me préparait des pâtes
De coings, assise au fond de sa cuisine,
Sans impatience et avec beaucoup de mérite.

Avec son époux, tous les dimanches
Elle partait pour la Grand-messe,
Marchant d'un pas lourd, mais encore plein d'entrain,
Vers Celui qu'ils recevraient après confesse.

Pourtant, ce n'est pas en ces lieux saints qu'elle voyait
Mon aïeule, son amie de longue date,
Pour discuter de leurs enfants, ou des oeillets
Epanouis au coeur de leurs jardins fastes.

Néanmoins, depuis quelques années
L'homme qui embellissait son existence,
Souffrait d'un mal, dont il se savait condamné
A vivre la déchéance.

Soutenu par leur amour conjugal certain,
Cet être pétri d'une délicatesse
Et d'une discrétion loin des esprits hautains,
Poursuivit dans la paix sa rude vieillesse.

Depuis longtemps déjà, il ne pouvait tenir
Un pinceau, pour figer sur la toile blanche
Ce clair-obscur qui va finir,
Ou cet oiseau sur la branche.

Elle, attentive toujours
A seconder de son mieux, le tendre père
De leur famille dont elle était fière,
L'accompagna jusqu'au terme de son parcours.

Couple béni que celui-là,
Réuni le même jour pour l'éternité,
Sur les chemins de l'au-delà,
Au temps où le Seigneur voulut ressusciter.

Au ciel j'irai la voir un jour

13 juin 1996

Comme le temps est long, sans vous
Partie pour d'autres voyages,
En des Cieux sans un nuage,
Où vous conviait un rendez-vous.

Ce fut la veille des Rameaux,
Que vous partîtes retrouver
Celui, qui fit de tous vos maux
Une offrande achevée.

Animée de pieux sentiments,
Votre âme put s'élever
Vers son créateur, au moment
Où Il voulut vous enlever.

Aujourd'hui, vous vous reposez
Loin des tumultes du monde,
En un endroit à l'opposé
Des aigreurs furibondes.

Votre louange de gloire,
Parvient sur l'Autel Céleste,
Portée par des anges lestes,
Au creux du Divin Ciboire.

Bienheureuse, vous demeurez
Aux côtés de Notre Dame,
Qui est des hommes admirée,
Pour sa beauté et sa flamme.

Sous son voile de pureté,
Vous paraissez dans la clarté
De son amour, compatissant
Envers ses enfants repentants.

Par vos prières sans trêve,
Vous nous préservez du malheur,
Jusqu'à l'instant où s'achève
Notre vie, de pauvres pécheurs.

Dans la joie du vrai Royaume,
Nous goûterons tous ensemble
Aux essences, qui embaument
Cet endroit où nul ne tremble.

Amour Divin, sans relâche
Pour des humains parfois lâches,
Qui préfèrent cette terre
Aux spirituels Mystères.

Les morts oublient le pays de leur naissance
19 juin 1996

Les morts oublient le pays de leur naissance,
Mais combien sont-ils délaissés par leur Patrie ?
Ils gisent au fond des tranchées de souffrance,
Pêle-mêle, sans se soucier de quelque tri.

Abandonnés sur les chemins de la guerre,
Ils trouvent refuge, au creux des ravines
Formées par les obus à même la terre,
Sans que hélas, jamais on ne les devine.

Leur souvenir s'enfuie, dans le champ moissonné
Par l'enfant né de ces tueries,
Après, que ses parents pussent désarçonner
Les amateurs de boucheries.

Seul un coquelicot rouge,
Remémore à ces jeunes laboureurs
Le temps où leurs pairs, venus de Montrouge,
Se sont éteints dans la douleur.

Leurs uniformes bleu azur,
Salis par des mois de privations funestes,
Jonchaient le sol comme des poires trop mûres,
Chues sans demander leur reste.

Personne ne s'inquiète plus
De leurs états d'âme d'alors,
Ni de tout l'amour qu'ils éprouvaient, au surplus
De l'amitié qu'ils dispensaient sans un effort.

Que dire à ces jeunes filles éplorées,
Si ce n'est qu'elles furent l'objet de rêves
Toujours échafaudés, mais jamais demeurés,
Face aux échecs de la vie qui s'achève.

Le Christ de justice Miséricordieux,
Est Le seul, par Son Sang versé,
Qui puisse racheter Ses agneaux dispersés,
Pour les conduire aux pâturages des Cieux.

Avec ton sourire d'ange

9 septembre 1996

Avec ton sourire d'ange, tu me regardes
Comme si je tombais des Cieux,
Pour t'emmener en d'autres lieux
Où parfois, les bonheurs simples se hasardent.

Fais-moi valser, comme les jeunes épouses
Au regard clair, et à la peau frémissante
De ces désirs, qui les tiennent hésitantes
Au pied du lit de noces, déjà jalouses.

Cette nuit unique, parmi toutes celles
Que vivront unis les amants,
Se révélera porteuse de sentiments,
Qui vous rendent la vie belle.

Une larme salée sur cette joue en feu,
Témoigne de l'enfance perdue, à ce jeu
De l'amour donné et rendu sans pare-feu,
Où se sont brûlés grand nombre de courageux.

Un frisson parcourt l'épiderme, réveillé
Par tant de délicatesses
Déployées sans fin, sous ce ciel étoilé
D'une nouvelle tendresse.

A Dieu ne plaise, nous aurons
Une ribambelle de vivaces lardons,
Remplissant de leurs minois emprunts d'abandon,
La demeure où nous vivrons.

Avant de revenir sur terre pour de bon,
Permets-moi de rêver encore sans effroi
Du lendemain, qui nous rattrape d'un bond
Pour nous pousser, sans regret aucun dans le froid.

La solitude est un hiver tenace,
Qui s'étend sur toute notre existence,
Jusqu'au jour où les « Noces de l'Agneau », viendront
Sauver de la mort ceux qui les attendront.

François

24 décembre 1996

En descendant la rue de notre école,
Nous cheminions côte à côte, rassemblés
Par cette insouciance un peu trop folle,
Donnant aux enfants une vigueur redoublée.

François courait devant, sautant de loin en loin,
Mais toujours gardant un oeil sur moi, derrière,
Traînant la savate, de septembre à juin
Sur ce bitume, où coulaient les gouttières.

Avec patience, il m'attendait sans rien dire,
Pour me prendre mes affaires,
Qui me fatiguaient selon ses propres dires,
Bien au-delà qu'elles eussent dû le faire.

Lui, se souciait peu de son cartable usé
Sur le dos des aînés, à celui du dernier,
Jusqu'à devenir un véritable musée,
Où leurs nombreuses jeunesses ont communié.

Son visage pâle et ses yeux lumineux,
Charmaient l'ensemble des grand-mères du quartier,
Guettant du haut de leurs balcons, impatientées,
Le passage de cet ange tombé des Cieux.

Il visitait Mesdames Vianney ou Naunot,
Sans s'inquiéter d'être vieux jeu,
Ou de passer pour un idiot,
Animé par l'esprit d'un enfant vertueux.

Mais sa grandeur d'âme se dévoilait aussi,
Lorsque nous profitions de vastes espaces
Offerts par les champs d'un voisin, qui Dieu merci,
Acceptait nos incursions de bonne grâce.

François m'accompagnait sur ces prairies aimées,
Réoccupant nos cabanes respectives
Dissimulée au milieu des bois, craintive
Ou édifiée au sommet des vertes ramées.

Nous devons beaucoup à nos amis décédés,
Ils eurent tant d'années volées,
Que nous pouvons bien leur dédier
Ces quelques souvenirs, à jamais envolés.

Je pense que mon destin est d'être heureux
27 décembre 1996

Je pense que mon destin est d'être heureux
Ailleurs, loin des personnes qui m'ont vu naître
En cet endroit, où je ne fus pas malheureux
Mais dans lequel je ne puis me reconnaître.

La campagne m'ouvrit ses bras
Et m'offrit la tendresse, dont j'avais besoin
Pour faire peau neuve, comme ces longs cobras
Qui s'enroulent avec grand soin.

Je ne songeais pas à mordre,
Mais à fuir ces nuits peuplées de cauchemars,
A me tourner et me tordre
Face aux ténèbres, dans leurs sombres mares.

Je cherchais une main tendue
Qui n'est jamais venue me rassurer, enfant,
Mais plutôt me complexer, dure,
A travers la timidité qui me défend.

La réalité toujours, s'imposait à moi
Nue et froide, sous son manteau de tristesse
Camouflée, par ce cache-misère sournois
Qui vous surprend un jour sans délicatesse.

Je n'avais plus ma place, en ces mensonges
Qui ne voient de la vie, que ses apparences
Et ses visions figées, comme des images
Que l'on accroche sur les murs de l'enfance.

L'existence, n'est pas une pièce réglée
Par quelque metteur en scène anonyme,
A la solde des spectateurs, qui s'anime
Afin de mieux réussir à vous étrangler.

La joie de respirer est là,
Dans l'affection que nous prodiguons aux proches
Qui, s'ils ne sont pas de notre sang hélas,
Restent de notre âme et sans reproches…

Bonne année !

30 décembre 1996

Les cartes de voeux sentent bon
L'amitié de longue date,
Où de récentes relations,
Avec une Auvergnate.

Elles pénètrent dans les foyers bien connus,
Pour porter un peu de gaieté, offerte
En souvenir d'une enfance ingénue,
S'adonnant aux jeux simples des prairies vertes.

D'un mot, se décrit une pensée fugace
Ou un sentiment, si profond
Qu'il semble trop lourd pour l'affronter, en face
De celle envers laquelle on se morfond.

Parfois, plus simplement on aime exprimer
La reconnaissance que l'on voue, à l'être
Qui vous donna tant de bonheur, sans réprimer
L'humble envie de ne point vous compromettre.

C'est l'espoir d'une rencontre,
Après nombre d'années passées à voyager
Sur des eaux lointaines, jusqu'à ce que âgé,
L'on marche contre la montre.

Tant de sentiments engloutis,
Ressurgissent un pâle matin de janvier,
Ravivés à la vue des scènes attendries
De la crèche, qui nous transforme, extasiés.

Nous retrouvons pour un temps, nos coeurs soulagés
De tous ces appétits, qui ne cessent jamais
De les endurcir, avant de mieux outrager
Notre conscience, que si vite on omet.

La cage grande ouverte,
Ils prennent leur envol pour de vastes contrées,
Où la vérité est montrée
Comme la reine mère des découvertes.

Mais le printemps les ramène
Sur le dos des cigognes, fatigués déjà
Par la nature humaine,
Qui de leur brève naïveté se vengea.

Comme ils se battent un peu froid entre eux,
Ils attendront l'an prochain, pour redécouvrir
L'indicible joie d'être deux,
Qui seule peut nous réunir.

Année 1997

« Patients, dans l'apprentissage
Des affaires de ce monde,
Et des Divins Mystères qui sont sans âge,
Vous trouverez le bonheur qui surabonde ».

Je songe à toi mon petit

9 janvier 1997

Je songe à toi mon petit
Qui ne connus, pour ainsi dire que la nuit
De cette vie, dont tu avais grand appétit,
Sans en subir jamais l'ennui.

Mais qu'il me soit ici permis
De déclamer la tendresse, que j'éprouve
A l'égard de cet enfant qui rôde, parmi
Mes pleurs, le soir dans l'ombre d'une alcôve.

Je pouvais être un oncle attentionné,
Soucieux de prodiguer la douceur vitale
A un chérubin, qui faute d'être bien né
Se trouvait au bas de l'échelle sociale.

Mais qu'importe pour le Bon Dieu
Le nom des parents, qui radieux
Accueillaient ce don du Ciel, comme un présent
Confié à leur amour par l'Esprit bienfaisant.

Aux côtés des Saints Innocents,
Tu offres ton sacrifice
Pour tous ces assoiffés de sang,
En chantant le « De profundis ».

Ta voix se mêle aux chœurs des Anges Gardiens,
De toutes les victimes
De l'holocauste quotidien,
Engendré par une loi illégitime.

Dix ans après cette mort ignominieuse,
Tu repenses à ce tendre sein maternel,
Te destinant à rendre toujours heureuse
Celle, qui portait le fruit d'un amour passionnel.

Que tu te prénommes Louis ou Pascale,
Puisses-tu être le chemin d'éternité
Pour ta mère et ton père, au soir final
Où ils te retrouveront en pleine vérité.

Loriau

20 janvier 1997

Une armoire de grand-mère, ça sent bon
La lavande et la naphtaline jaunie,
Par les piles de linge de ces décennies
De femmes, penchées sur leur planche à savon.

Combien d'étés, ont vu sécher
Ces draps d'un blanc immaculé,
Sur les berges de la rivière desséchée,
Où un maigre filet d'eau parvient à couler ?

Le rendez-vous des lavandières attitrées,
Se tenait aux abords d'un vieux bateau-lavoir,
Tandis que leurs enfants couraient, tous enivrés
Par l'odeur des prés, sortie d'un grand grimoire.

Ces faiseuses de propreté,
Connaissaient pour le moins chacune des maisons,
Qui leur confiaient la netteté
De l'ensemble du trousseau, des combinaisons.

Toutes ces étoffes souillées,
Reflétaient des tranches de vie,
De la sueur née d'un travail estampillé,
Aux humeurs sécrétées par des émois ravis.

Mais discrètes et humbles, comme l'eau vive
Qui rongeait peu à peu leurs membres rabougris,
Elles taisaient ces affaires, qui ravivent
Les palabres des folles commères aigries.

Le bruit de leurs brouettes, porté par le vent,
Rythmait les existences comme l'Angélus,
Qui des villages aux couvents,
Fait de petits sauts de puce.

Le maigre salaire qui les rétribuait,
Suffisait à subvenir aux justes besoins
D'une bien pauvre marmite, qui embuait
Les carreaux d'un logement au toit mal en point.

Mais les nombreux enfants s'agitaient fébriles,
Heureux de faucher les foins,
Ou de trouver au mois d'avril,
L'occasion de glaner les restes de sainfoin.

Aujourd'hui, ce sont les machines à laver
Qui remplacent ces silhouettes, courbatues
Par les lessives encore à achever,
Usées à trop être battues.

Faut-il regretter ces années,
Où le geste sec des battoirs
Cognait au coeur de nos terroirs,
Forgé par le flot des aînés ?

Je ne sais, mais il me dessine le reflet
D'une aïeule oubliée,
Qui hantait mes nuits de mouflet,
Vêtue de son blanc tablier.

Deux tourtereaux passent sur la maison

Lundi de Pâques, 31 mars 1997

Bien par delà les colonies,
Leurs cœurs déjà se regardaient,
Sûrs de se trouver réunis,
Où le destin les attendait.

L'Afrique noire, berça une enfance
Passée à gravir les immenses baobabs,
Ou à courir sur les sentiers de la brousse,
Heureux de vivre tels ces opulents nababs.

Sur l'autre hémisphère, loin des gazelles
Une petite fille grandissait sans bruit,
A l'ombre de cette oasis si frêle,
Que lui offraient ses parents, à l'abri d'autrui.

Mais sur les tendres eaux du bonheur familial,
Déjà la tempête menaçait, fatale,
La candeur d'éphémères jours pacifiques
Se déversant, dans l'océan Atlantique.

Les larmes submergèrent le subtil corail,
Protégeant l'îlot de leur paisible bercail,
Noyé sous la lame de fond assassine,
Issue d'une intransigeance maligne.

La mésentente s'obstine
A déchirer, le lien tissé par les enfants
Et trouve son exutoire, dans la rapine
D'un humble amour édifiant.

La grande faucheuse réclama son tribut,
Assoiffée d'holocaustes vains,
Jusqu'au moment où elle eut bu
Avec ivresse, ce fiel aigre-doux malsain.

Ecartelés dans leurs sentiments respectifs,
Ces deux oiseaux écorchés vifs
S'envolent, l'un pour regagner son pays lointain,
L'autre pour trouver Aix-les-Bains.

Le temps des jeux est terminé,
Et l'adolescence fougueuse se choisit
De prendre, des chemins de traverses minés
Par tous les pièges dont le monde s'extasie.

Comme un Don Quichotte embrassant le vent,
Des parties de cache-cache
S'engagèrent, en quête de plaisirs navrants
Que l'on gagne sans panache.

Puis, au temps Pascal, quand sonnèrent matines,
Michel attendit les cloches
Pour couver du regard, les œufs de Matines

Loin des frivoles caldoches.

Perdue au sein des produits pharmaceutiques,
Virginie songeait au doux prince charmant,
La ravissant à cet univers chimique,
Pour la porter près des rives du Lac Léman.

A l'appel de ces calmes eaux,
Le galant rogna ses œufs, pour quelques os
De poulets, à n'en pas douter,
Gardant une dent contre les gallinacées.

C'est au mois de juillet radieux,
Que ces deux êtres, plût à Dieu,
S'uniront avec foi sous le ciel savoyard,
Délivrés de tout remède et de Fléchard.

Puisse leur vie commune, se consolider
Grâce aux épreuves passées,
Dans la chaleur ardente d'un foyer pressé
D'accueillir, les enfants et les amis choyés.

Notre avenir se construit au quotidien,
Dans les petites et parfois grandes choses,
Par le don de soi à l'autre que l'on fait sien,
Avec les simples moyens dont on dispose.

Un fier soleil pâle et nu

4 mai 1997

Un fier soleil pâle et nu,
Criait par-dessus les toits gris,
De ne pas l'oublier, lorsque l'été venu
Il perdra son aspect chagrin et rabougri.

Pour l'instant, il trône dans les nues limpides
D'un printemps, qui tente de s'imposer sans plus
De façon, qu'un brusque courant d'air rapide
Délogeant les odeurs, familières au surplus.

La maison est calme, bercée par les saisons
D'une vie qui s'achemine,
A pas lents, sans raison,
A l'appel d'un rendez-vous où tout culmine.

Qu'il est doux de se reposer,
Dans le paisible souvenir
D'une longue existence, qui va finir
Sans rien d'autre à proposer,
Que l'Amour de Dieu, pour mourir
Loin des hardis présupposés !

Notre bonheur, est tout entier
Tourné vers la Miséricorde infinie
De Celui, qui bien volontiers
Nous rachète par Sa Croix, dans l'ignominie.

Le goût des plaisirs humains, est insipide
Face aux délices divins,
Qui se donnent lorsque les désirs cupides,
S'acharnent dans un effort vain.

Puisse la sainte chasteté,
Gouverner à nos appétits
Dans leurs besoins de satiété,
Pour se rendre au seul parti,
Celui de Dieu en vérité.

Antoine

9 mai 1997

Avoir un enfant, ce n'est pas un patrimoine
Mais bien, le dépôt de la vie
Qui culmine en ces moines,
Qui quoique chastes, produisent de l'eau-de-vie.

Prénommé ainsi, vous ne risquez pas de voir
Votre doux enfant, se perdre
Au beau milieu de ce monde dérisoire,
Voulant idolâtrer Phèdre.

Tournés vers le Seigneur, vous serez attentifs
A toujours rechercher, Sa volonté seule
Dans l'Amour qu'Il vous offre, votif,
De prodiguer envers votre fils, mon filleul.

Votre vocation sera, de l'amener pur
Au seuil du monde adulte,
Sans être pour autant trop mûr,
Et conserver un coeur exempt du tumulte.

A l'image de cette Sainte Famille
Qu'il nous est proposé d'imiter, en ces temps
Où la cellule familiale vacille,
Soyez l'humble havre de paix, réconfortant.

Patients, dans l'apprentissage
Des affaires de ce monde,
Et des Divins Mystères qui sont sans âge,
Vous trouverez le bonheur qui surabonde.

Dieu ne reste pas insensible aux âmes
Qui L'accueillent, et L'enseignent
Portant haut Son oriflamme,
Telle Jeanne d'Arc aux portes de Compiègne.

Il les comble de grâces, et les conseille
Aux jours d'allégresse ou dans la tourmente,
Déposant en leur cœur, une goutte de miel
Pour affermir toujours leur foi frissonnante.

A Saint Irénée

10 mai 1997

Au séminaire, j'étais heureux de toujours
Vivre en liberté, dans l'Amour sans bornes
Qui me combla un peu plus, au long de ces jours
Où je croissais en harmonie, sans joies mornes.

Et vous mes frères qui viviez à mes côtés,
Vous m'appreniez à dépasser
Ces appréhensions, qui me tenaient éreinté,
Prisonnier de mes pensées.

L'apprentissage fut pénible, laborieux,
Pour découvrir les véritables richesses
De tous ces cœurs, qui s'unissent dans l'harmonieux
Elan de la foi, pleins de délicatesses.

Je connus des moments de bonheur extrême,
Persuadé de suivre la bonne route,
Pour correspondre à l'image suprême
Du serviteur, débarrassé de ses doutes.

Pourtant, loin de ne pas être à mon aise
En ces lieux chargés d'histoire,
Je compris, à Dieu ne plaise,
Que m'appelait une autre trajectoire.

Alors, dans l'immédiat départ,
Je vous aidais douce amie
A traverser de part en part,
Le fragile miroir qui masque l'infini.

Vous partîtes, dans la joie de ce Royaume
Où nul ne pleure, si ce n'est du pieux bonheur
De connaître le Face à face, comme
Ces Saints qui nous précédèrent en leur heure.

J'éprouve une grande hâte aujourd'hui,
A vous rejoindre auprès de notre Mère
Qui, à chaque peine, sans bruit,
M'éclaire de ses lumières.

Le présent semble parfois lourd,
Lorsque ceux qui vous entourent
Paraissent étrangers à vos peines passées,
Ignorant le martyr de votre coeur blessé.

Seul le Seigneur peut nous apporter le repos,
Lui qui par Sa Croix d'infamie,
Nous laissa l'insigne dépôt
Qui nous sauve de la mort, et nous affermit.

Au Karba

24 mai 1997

Le soleil et la mort, voyagent ensemble
En ces colonies, où kabyles et berbères
Regardent d'un oeil sévère,
Les pieds noirs qui se rassemblent.

Pourquoi toutes ces tueries,
Dont se servent les politiques
Pour mater les mutineries,
D'une nation qui veut rester en Afrique ?

De Bône à Constantine,
Ce ne fut qu'un cri d'incompris,
Pour que viennent les cantines
Des appelés, en Algérie.

Comme leurs pères partant pour Salonique,
Ces hommes à peine sortis de l'enfance,
Se lèvent à l'appel de la République,
Pour épargner à leurs frères la violence.

Tous se reposent sur la ligne Morice,
Pour garder des terroristes,
Les simples colons et les institutrices,
Faciles proies sur les pistes.

Leur idéal de justice
S'évanouit, lorsque Place de la Poste
Cette aide protectrice,
Se transforma en fratricide riposte.

Le couperet trancha net l'espoir à Evian,
Quand sans prévenir des accords,
Firent aux porteurs de valises sans remords,
Don de notre honneur fuyant.

Comment pouvoir s'apitoyer
Sur ceux qui aujourd'hui, connaissent les peines
Qu'ils infligèrent sans ciller,
A leurs victimes anciennes ?

On ne peut pas impunément,
Semer la terreur dans les coeurs,
Sans récolter amèrement,
Les cruels fruits de la rancoeur.

Rome

6 juin 1997

A Rome sur les terrasses,
Coule le miel venu des Cieux,
Pour baigner ceux qui se pressent
Vers l'Amour Miséricordieux.

Laissés par Marc Aurèle ou César,
Ce ne sont que vestiges d'un temps suranné,
Où les gladiateurs sur leurs chars,
Faisaient se pâmer une foule déchaînée.

Le Panthéon fut le lieu, où tant de Chrétiens
Périront pour leur juste foi,
Heureux de rendre aux païens
Témoignage, de ce qui les emplit de joie.

Du palais d'Emmanuel II,
Jusqu'à Saint Pierre de Rome,
L'éternité se présente devant nos yeux,
Sûre de nous éblouir comme de vrais mômes.

Le Latran nous ouvre ses bras
Pour embrasser, tous ces obélisques ramenés
D'Ethiopie ou de l'Alhambra,
Par ces légions musclées, de lauriers couronnées.

L'eau fougueuse des fontaines,
Emet un murmure sans fin
Au long des places, que saignent
Les rayons d'un soleil mutin.

Le siège de la Papauté,
Bienfait des anges et de Dieu,
Ruisselle toujours d'une luminosité
Propre à cette cité, au destin radieux.

Envahie par les barbares,
Elle sut dominer la chute de l'Empire,
Et demeurer le vrai phare
De l'humanité, perdue dans ses délires.

Aujourd'hui, la chapelle Sixtine survit,
Exemplaire de la beauté,
Qui loin de se voir asservie,
Grandit lorsqu'elle découvre l'humilité.

Au Vatican

2 juin 1997

Les Italiens sont beaux comme
Des angelots tombés du Ciel,
En plein milieu de leur somme,
Eblouis par un arc-en-ciel.

Du haut de la chapelle Sixtine parfois,
Ils bénissent les fidèles
Qui viennent les visiter, en quête d'émois
Face à tant de beautés surnaturelles.

Inspiré par le Créateur,
Michel-Ange ouvrit son âme d'artiste,
Aux appels du Divin Sauveur,
Qui laisse libre l'homme qui Lui résiste.

Le Vatican reste le lieu privilégié,
Où le temps ne s'écoule que pour lui-même,
Et non pas avec pour seul dessein, de plagier
Celui qui, malgré nos outrages nous aime.

Le successeur de Saint Pierre,
Fidèle vicaire du Christ,
Doit veiller sans fin à ce que rien n'altère
La croyance, des puristes trappistes.

Entouré de Gardes Suisses,
Vigilants serviteurs du Souverain Pontife,
Il prie pour qu'advienne cette paix, qui puisse
Maintenir notre frêle esquif.

A ces eaux agitées par l'esprit du monde,
Il aimerait substituer
Le débit, pétillant d'ondes
Claires du baptême de vie restituée.

Lacenaire

18 juin 1997

Une main cruelle et fine, sans un bruit
Avançait dans le noir matin,
Pour cueillir de la vie, les fruits
Qu'elle lui niait depuis son premier larcin.

Une blanche paume d'enfant,
Ensanglantée par le sang de tous ces méchants,
Serrait un couteau rouge de la colère,
Retenue jusqu'au bout des ongles de l'enfer.

Son propriétaire, ce bon Lacenaire,
Fixait d'un regard vide de toute passion
Le corps inerte, qui tomba jusqu'à terre,
Avant de lui procurer quelque émotion.

Il en avait tenu dans ses bras d'adulte,
De ces cous roses que l'on baise en tremblant,
Par peur d'éveiller quelque sombre tumulte,
Au coeur de ces colombes en corsage blanc.

Depuis, il ne connaissait que des amours morts,
Consumés avant que de brûler leurs mèches,
Dans les gares ou sur les ports,
Emplis de dockers revêches.

Abandonné par la gent féminine,
Il se consola dans la poésie fine,
Entre deux folles étreintes masculines,
Et l'insatiable désir de la rapine.

Amant du crime, il en perdit la tête
Sur le vil bois de l'échafaud,
Comme au soir d'une fête,
Où la gaieté sonne faux.

Une main frêle est enfouie
Dans un liquide, qui rend aux chairs molles
L'illusion, qu'elles ont bien fuie
Ce bûcher, où les réprouvés se désolent.

Elle trône sur l'étagère
De quelque vieux particulier,
Qui aime conter l'histoire singulière
De ce membre, à jamais désarticulé.

Les feuilles tombent sur le chemin

1er octobre 1997

Les feuilles tombent sur le chemin,
En attendant qu'un coup de pied
Les bouscule, dans leur vil destin
De soeurs jumelles éparpillées.

Les arbres froncent leurs noirs sourcils, devant le froid
Qui s'insinue comme un malotru, sans soucis
Du désordre qu'il propage, O quel désarroi,
Dans les pauvres chaumières où tout bonheur est rassis.

L'automne est là, bien vivant lui,
Attendant sa récolte de tristes chimères
Et d'amoureux transis, sur un banc où reluit
Le pâle soleil de septembre, au goût amer.

Bientôt, les vitrines s'allumeront de trésors
Pour les bambins et les nantis,
Pleines de mousselines et d'espiègles ouistitis,
Qui font la grimace aux faux Pères Noël consorts.

Les marrons grillés et les gaufres au chocolat,
Contenteront les enfants sages, qui s'envolent
Vers leurs foyers gentils, rêvant des oeufs au plat,
Que grand-mère achève dans une frénésie frivole.

Qu'il est bon d'entendre jacasser ses aiguilles,
Lorsqu'elles se rencontrent pour tricoter, hardies,
Une paire de douces chaussettes, que les frileux enfilent
Le soir, quand l'âtre rassasié s'est refroidi.

Elles se racontent des jours de pluie, où Paris
Tremblait en entendant ronfler la grosse Bertha,
Tandis que ses enfants pleuraient, pour la Patrie
Saignée à blanc, dans les tranchées avec les rats.

Combien de ceux pour qui elles s'affrontèrent jadis,
Croupissent encore, tombés au creux d'une sombre plaine,
Emmaillotés dans un étrange suaire de laine,
Semblable aux chandails que porteront leurs fils ?

Les jours glissent

20 octobre 1997

Ma maison, où es-tu ce jour,
Abandonnée par les vivants,
Loin de ces joyeux cris d'enfants,
Qui couraient dans ta cour ?

Le soleil caresse tes vieux murs
Hantés, par ces délicieux fantômes qui rôdent
Au long des heures sans fin, dans un triste murmure
Où le silence s'érode.

Ton grenier reste sourd, au chant
Passé des voix, qui s'efforcent
De ressusciter un temps où, sur d'autres champs
Tes maîtres s'échinaient par delà leurs forces.

Le char à foin bien ficelé,
Rentrait tiré par deux pauvres vaches brisées
Sous le timon, et les vêlées
Qui les laissaient engourdies, sinon épuisées.

Une jeune fille brune les menait sur les sentiers,
Le nez plongé dans un livre sentimental,
Parfum de roses, familier
A cette génération de garçonnes, peu banales.

L'électricité éclairait les belles veillées,
Passées à trier entre voisins, le bon grain
De l'ivraie, au son rugueux de vagues refrains,
Uniques témoins d'une époque oubliée.

Qu'il est doux de penser au temps des cerises,
A cette femme enjôleuse parée de bijoux,
Que les hommes lorgnaient, pour sa taille exquise
Et la finesse de ses genoux.

Elle peuple les rêves de ces trop jeunes blessés,
Las de l'amour ou de la guerre,
Atteints en leurs corps crevassés,
Par l'indifférence de l'amour ou le fer.

Le préventorium était plein
De ces pauvres gens, aux poumons
Entachés d'angiomes malins,
Vaincus à l'air du Revermont.

Mais quel destin, notre monde atomique
Réserve t-il, à ces réalités enfouies
Avec tous ceux, qui leur donnèrent la réplique
Avant qu'elles ne se soient enfuies ?

Année 1998

« Faute de m'ébattre,
Je caressais ce chat
Couché sur mes plâtres,
Dont il s'amouracha ».

L'escarpolette

26 mai 1998

Chlorophylle à bicyclette,
Arriva un soir de juin,
Effrayée comme une pauvrette,
A qui personne ne pensait point.

Féminine jusqu'au bout des griffes,
Elle s'évertua la coquette,
A nous charmer par son air vif,
Et l'attention à sa toilette.

Après de gras cochons d'Inde,
Elle avait la légèreté
Et la finesse des jeunes dindes,
Que personne ne peut arrêter.

Quelle joie de caresser sans peur,
Ce pelage doux en satin,
Ecaille de tortue sans valeur,
Sinon son petit nez mutin.

Objet de tous nos soins d'enfant,
Elle nous offrit une nuit d'été,
Un compagnon de jeux tremblant,
Surpris de naître alité.
L'amour filial vite passé,

Chlorophylle reprit la chasse
Et sa douce vie délaissée,
Pour une période de grâce.

Puis Pantoufle arriva, belle
Comme sa mère aux premiers instants,
Mais elle nous quitta l'infidèle,
Pour un autre appartement.

L'existence coula paisible,
Jusqu'au jour où survint Gribouille,
Jeune rouquine effrontée, habile
A jeter en nous le trouble.

Accident ou combat de rue,
Chlorophylle devenue borgne
Devient peureuse, qui l'eut cru
Et bien trop souvent se cogne.

Fragile mutilée, sans forces
Elle s'éteint pour ses dix-neuf ans,
Suivit de peu, destin féroce,
Par celui qui me manque tant.

A Dieu insouciance,
Jeunes années envolées
Sur les cimes de l'enfance,
De ces bonheurs volés.

O' Mois de Marie

Mai 1998

Mon petit Calinou,
Tu partageas ma vie
Dans les coups de grisou,
Ou aux moments bénis.

Seul, tu venais me voir
Quand, cloué sur mon lit
Je ne pouvais mouvoir,
Qu'un buste affaibli.

Faute de m'ébattre,
Je caressais ce chat
Couché sur mes plâtres,
Dont il s'amouracha.

Souvent, tu me fis rire,
Drôle androgyne félin,
Toi que sans coup férir,
Nous crûmes féminin.

Gavé de ces pilules
Qui tuent le fruit d'amour,
Lorsque le soir mâtulent,
Tes semblables d'un jour.

Tu passas une année,
A attendre pour sûr,
L'heure où la destinée,
Montra ta vraie nature.

Ce mystère éludé,
Tu ne pus profiter
De ces dons retrouvés,
Sitôt émasculé.

Alors, en bon matou
Tu me témoignas,
Envers et contre tout,
L'affection qui resta.

Soudés l'un à l'autre,
Nous passâmes dans le temps,
Orageux ou neutre,
Pleurant de temps en temps.

Complice de mon enfance,
Tu perçus mes secrets,
Partageas mes souffrances,
Fidèle témoin muet.

Aujourd'hui la roue tourne,
Et te broie sans un cri,
Afin que tu retournes,
A Celui que je prie.

A Dieu mon compagnon,
Je te retrouverai,
Quand Il jugera bon,
De moissonner l'ivraie.

Les escalators

A Cormorand, le 14 juin 1998

« Alors, il vous plaît tant que ça mon enfant ? Regardez le bien, vous n'en aurez peut-être jamais de pareil », lança maman à cette femme qui, entre les lessives et les bouteilles de bière, découvre l'insolite harnachement de mes jambes.

« Je l'ai tellement attendu, que maintenant je le garde ! ». Et pour sûr, durant des jours et des nuits, je me trouvais, nourrisson puis petit garçon, loin de mes parents, dans quelque « hôpital pour enfant ».

Afin de combler ma solitude et mes angoisses, on m'offrit une jolie panoplie de Zoro, que je ne pus porter du fait de mon manque d'équilibre.

Mais Sainte Eugénie veillait sur moi, pleurant lorsque des individus vêtus de blouses blanches, venaient m'arracher à la paix de mon lit et à mes petites voitures.

Ils devaient me ficeler avec vigueur sur une table immaculée, afin de m'injecter des substances « bienfaisantes ». Certainement en était-ce, puisque je dormais la plupart du temps ensuite.

Déjà j'étais le vilain petit canard, que la couveuse refusa de laisser vivre. J'empoisonnais mon monde et lui fis faire du mauvais sang. Voilà pourquoi l'on changea le mien par celui de maman.

Mais parfois, quelques sourires amis venaient égayer mes journées : ceux de ma famille bien sûr, mais d'autant plus marquant parce que rare, celui de Chonchon. Un beau matin, cette jeune femme m'offrit, assise sur un banc, un jeu de société composé de cartes bleues comme l'azur, que j'apercevais hélas trop peu.

Elle prit le temps de me l'expliquer et de m'écouter lui déblatérer en vrac, toutes ces peurs qui me tenaient éveillé la nuit. Aujourd'hui, elle a rejoint les nues et souvent lorsque j'élève les yeux, je songe à elle comme à ces heureuses minutes.

Mais pour laver mon vague à l'âme, il me faudra bien l'ensemble de ces produits ménagers, qui s'exhibent le long des vastes allées de ce supermarché flambant neuf, au début des années 70.

Maman reprend son chariot et laisse interloquée, la curieuse insatisfaite : quel bonheur de faire les courses à l'avant d'un char de métal !

Et pourtant, les escalators me manquent, ceux des vieilles « Nouvelles Galeries » de Bron. Ce fut le premier grand magasin que nous fréquentions, lorsque mes parents, mes deux soeurs aînées et moi-même, habitions Champagne-au-Mont-d'Or.

La coupe est pleine

21 juillet 1998

Tonton n'aime pas les bulles,
Il préfère le gros rouge
Qui vous tache, et pullule
Dans les bistrots où tout bouge.

De son Jura lointain,
Il eut le franc-parler
De ceux qui, le matin
Viennent à l'atelier.

Le bois fut sa passion,
Comme Roseline
Qui combla sa maison,
D'une Jacqueline.

Au jour où il prit la station,
Monique toute gamine
Regardait avec émotion,
Se bousculer les Dauphines.

Mais vivre d'amour et d'essence,
Ne garnit pas le nid,
Où les doux jeux de l'enfance,
Troublent bébé Denis.

Les doigts dans la mécanique,
Tonton gagne son pain,
En fredonnant nostalgique,
De langoureux re-freins.

Un air d'accordéon
Trotte dans sa tête,
Et vole à l'Odéon
Rythmer une fête.

Quelle joie dans le jardin,
Quand au jour du Seigneur
Ils iront baladins,
Trouver le dénicheur.

Les pommes de terre semées,
La mâche bien buttée,
Ils dansent au son animé
De ces vieux bals montés.

Au Ciel déjà, il lui retient
Tout son carnet de bal,
Et lui dit que la vie n'est rien,
Sans l'amour conjugal.

Ma maison

27 décembre 1998

J'avais oublié combien étaient beaux les couchers
De soleil, sur ma maison aux pierres embrasées
Par l'astre vieillissant, caché
Derrière le Revermont, pour mon oeil attisé.

Le ciel rouge sang, s'étale loin
Sur ce pays pour toujours béni de mon coeur,
Malgré mes infidélités, de moins en moins
Sources d'une cruelle rancoeur.

Que de souvenirs à jamais enfuis pour moi,
Même si la peur de revenir en ces lieux
Me retient souvent, de retrouver ces émois
Ressentis jadis, bien avant que d'être deux.

Vous couriez sur la prairie jonchée au printemps,
D'herbe fraîche et de jonquilles,
Lumières des beaux jours d'antan,
Parsemés de tendres aveux et de broutilles.

L'air pur nous caressait le visage de traits vifs
Et nous grisait, comme le vin vieux
Que grand-père buvait, le soir en apéritif
Dans sa cave, à l'abri d'yeux.

Il remontait chantant « le temps des cerises »,
Pestait à l'encontre de « la femme aux bijoux »,
Voleuse de ces nuits grises,
Où les hommes sont des voyous.

J'avais oublié ces longues soirées éméchées,
De sommeil à jamais brisé,
Par le vide sans fond, des fioles débouchées
De Cerdon, ou de gnôle aromatisée.

Il Simone !

1998

Que Vous dire o'Dieu, si ce n'est
Mon amour pour Vous seul,
Qui apaisez mes doux regrets,
Devant Votre linceul ?

Quelle passion contenue
Sur ce drap de lin, où jadis
Votre corps retenu,
Monta sitôt au paradis.

Ce beau témoignage,
Offert par notre Rédempteur,
Traversa les âges,
Tout en préservant sa fraîcheur.

Sainte Face laissée
Sur le voile de Véronique,
Vous imprimez, blessée,
En nos coeurs ce Saint Viatique.

Saint suaire de Turin,
Vous êtes le tendre espoir
De ces pieux pèlerins,
Qui vous vénèrent jusqu'au grand soir.

Lumière du positif,
Que le négatif renouvelle,
Nos yeux dubitatifs,
S'ouvrent à la Bonne Nouvelle.

Année 1999

« Un beau jour, il faut s'envoler,
Déployer ses ailes sans souci,
Atteindre le ciel étoilé,
Et savoir dire merci ».

Toi mon plus doux sourire

14 mai 1999

Toi, mon plus doux sourire
Rencontré un jour de larmes,
Tu laisses sans coup férir,
Mon coeur baisser les armes.

Comme un glaive tranchant,
Tu inondes ma vie,
Engloutie dans le sang
De mon passé ravi.

Jamais plus, je ne pensais aimer par la force
D'un coup de foudre ravageur,
Dévastant les années de lutte, d'un gosse
Face aux assauts du tentateur.

Aujourd'hui ma chair réclame son triste tribu,
Alors que mon âme se démène, à sauver
Le fils prodigue que je suis redevenu,
D'un esclavage où se vautrent les réprouvés.

Mon Dieu, voici Votre enfant
Prosterné à Vos pieds, sûr de Votre Amour
Qui ne reste indifférent,
A aucune de nos peines en nos détours.

Seul Maître à bord de mon navire à vapeur,
Attisant par ma foi la flamme du grand poêle,
Vous sillonnez au travers de ces flots rageurs,
Avant que, perdu je ne hisse la grand-voile.

Tendre objet de mes soupirs,
Dont je rêvais d'être l'amant,
Du moins laisse-moi devenir,
Le chemin de ton firmament.

En raccourci

13 juillet 1999

A trop regarder le plafond,
Vos yeux s'habituent à ne voir
Que la laideur, des idées noires
Englouties dans un puits profond.

Mais la « Belle aux Terreaux »
Vous extirpe hors de l'ennui,
Loin des sombres hôpitaux,
Et des murs de Sainte Eugénie.

Invité au chalet du Parc,
On se rappelle les visites
D'une Chonchon, qui vous marquent
Lorsque les souffrances insistent.

Mais sur l'heure, profitons gourmand,
De ces instants de frêle bonheur,
Avant qu'Henry Gormand
N'emprisonne mon coeur.

Par les bons soins de Monique,
J'apprends à marcher en canard,
Sous l'oeil vif de « Papi Buvard »,
Qui me donne la réplique :

« Un beau jour, il faut s'envoler,
Déployer ses ailes sans souci,
Atteindre le ciel étoilé,
Et savoir dire merci ».

Merci pour ces amis fidèles,
Compagnons des petits bobos,
Affrontant l'hiver à vélo,
Pour vous dire : « La vie est belle ! ».

Mais mon coeur n'est pas là,
Prisonnier de vastes chimères.
Il vogue dans l'au-delà,
Serviteur de Dieu le Père.

Adieu plafonds,
Adieu « Vieux Lyon »,
Je repars pour de bon,
Dans mon cher Revermont…

Ayez confiance !

A Cormorand, le 25 septembre 1999

Croyez toujours que ce que vous réalisez de bien dans votre vie ne demeure pas inutile. Le but de notre existence consiste à aimer du mieux que nous le pouvons. Mais cela ne revient pas à s'aimer soi-même, à travers l'autre. Non, notre dessein se résume à aimer Dieu en nos frères et à nous tourner vers le prochain, animés du regard Divin.

Ainsi, notre quotidien s'illumine, se remplit d'une joie qui ne doit rien à cet engouement factice, emprunté et limité que procurent les seuls biens terrestres. Evidemment, nous ne devons pas les rejeter pour ce qu'ils sont en eux-mêmes, de simples instruments, mais uniquement lorsqu'ils nous éloignent du seul trésor qui ne s'épuise jamais, la Bonté et la Miséricorde Divines.

Loin de se trouver inaccessibles, elles s'offrent à nous sans contrepartie, si ce n'est notre bonne volonté. Alors, nos yeux s'ouvrent à des horizons infinis. Les personnes que nous rencontrons ne nous laissent plus étrangers ou indifférents. Au contraire, nous entrons dans une communion de pensée qui tout simplement, unit nos fardeaux quotidiens aux leurs.

Sur le chemin périlleux qui fut mien dès avant ma venue au monde, je rencontrais nombre d'âmes généreuses. Trop souvent cruellement meurtries, elles m'apprirent à leur exemple, comment accepter puis offrir avec enthousiasme, l'ensemble des épreuves endurées et les bonheurs reçus.

De maladies terminales en pylônes assassins, j'avance, abandonnant peu à peu, les chimères illusoires qui bercent mon esprit orgueilleux. Aujourd'hui, à la route enchantée d'un fou s'entend où les roses se fanent un peu, je préfère la petite voie de l'Enfance de Sainte Thérèse de l'Enfant Jésus et de la Sainte Face.

Alors, avançons au large sans faiblesses ni craintes. Demain ne nous appartient pas et aujourd'hui si peu. Goûtons au bonheur simple de partager ces retrouvailles.

Soyez persuadés que je vous porte tous, chacun d'une façon unique, au coeur de mes intentions journalières. Si nos parcours ne se rejoignent pas aussi souvent que nous le désirons, du moins restons-nous ainsi sans cesse réunis.

Merci pour ce que vous êtes et laissez-moi achever ces trop longs propos par un fervent : « Deo Gratias ! »

Année 2000

« Sur les dunes abandonnées,
Les enfants rieurs
Jouent, dans le vent chiffonné
D'oiseaux bleus railleurs »

Un jour vous saurez tout

A Cormorand, le 20 août 2000

Un jour vous saurez tout,
De moi, de mon passé,
De ses plus beaux atouts,
De mes amours blessés.

Mon âme vagabonde, s'engouffre sans peine
Par la porte entrouverte des jours,
Qui fuient à tire d'aile, tonton tontaine,
Loin des vastes rivages de Cherbourg.

Sur les dunes abandonnées,
Les enfants rieurs
Jouent, dans le vent chiffonné
D'oiseaux bleus railleurs.

Le cri strident de ces voyageurs,
Evoque les sirènes des grands bateaux
Attirés, sur les récifs « couteaux »
Des insaisissables naufrageurs.

Ainsi, l'aventure se corse
Près des falaises de Calvi,
Quand les hommes bombent le torse,
Fiers de se croire insoumis.

Les cargaisons tombent dans l'escarcelle
D'un certain Paoli,
Ou de quelque rebelle,
Qui reprend à bon compte ces folies.

Mutine Marine

6 décembre 2000

Assis sur le bord de mon lit,
Je songe à ces instants lointains,
Où les tempêtes de mes folies,
Réveillaient de bien pauvres voisins.

La mer houleuse de grand matin,
Berçait mes amours, sans soucis
De la vie et du lendemain,
Heureux moments en raccourci.

Le vague à l'âme de ces nuits phares,
Ravive la petite étincelle
Qui chasse loin, l'horizon blafard
Et en cortège les lunes de fiel.

Ma couche est un fier navire blanc,
Au mat duquel je vois l'oubli
S'éloigner à petits pas lents,
Honteux de subir l'hallali.

Venise

2000

Masques de fantaisie,
Ou loups de calomnie,
Se parent de courtoisie,
Quand sonnent les insomnies.

Ils vous entraînent au loin,
Sur le vaste canal,
Où l'on ne s'endort point,
Les soirs de carnaval.

Le monde est sorti
Dans les rues étroites,
De cette ville bien bâtie,
Sur l'eau qui miroite.

Le roulis du Corso
Attire les Colombines,
Et de tristes Pierrots,
En de folles comptines.

L'amour fuit les palais,
Rencontre des doges
Aux frasques parfois laids,
Où le beau déroge.

Je te préfère sans voile,
Ma Suzon si jolie,
Comme une lointaine étoile,
Qui illumine ma nuit.

Années 2001 à 2011

« Les voix du Ciel s'émerveillent,
De ces moines aux choeurs purs,
Qui s'élancent dès leur éveil,
A l'assaut de l'azur ».

Un poète s'est envolé

19 février 2001

Un poète s'est envolé
Sur les cimes, près du Bon Dieu
Retrouver les anges ailés,
Qui chantent des airs glorieux.

La France son amie, pleure
Un enfant disparu,
Ephémère comme une fleur,
Fanée le soir venu...

Loup-garou provençal*

Au Barroux, 2002

La nature se déchaîne
Sur les toits du couvent,
Est-ce un jour de semaine,
Ou une heure nue d'antan :

Quand les crêts bercés par le vent,
Ignoraient tout autant
Les prémices de l'Avent,
Comme les refrains du « Fou Chantant » ?

Aujourd'hui, les cloches résonnent
Des louanges au Bon Dieu,
Que nulle muraille n'arraisonne.
Tel un dernier « à Dieu ! ».

Les voix du Ciel s'émerveillent,
De ces moines aux choeurs purs,
Qui s'élancent dès leur éveil,
A l'assaut de l'azur.

Le temps s'enfuit, joyeux
D'emporter sans attendre,
L'âme d'un enfant si vieux,
Au corps réduit en cendres.

Mais un jour viendra je le sais,
Où chacun retrouvera,
Non plus pour un bout d'essai,
Les êtres chers qu'il rencontra.

Lou Barroux (façon Charles provincial)

A Dieu Mamie…

Cormorand, le 05/03/04

Blottis sous l'édredon, les enfants s'endorment paisibles
Dans la petite chambre, allongés contre le mur chauffé
Par la cuisinière à charbon de Tatan Clo.

Demain matin, nous irons avec Mamie,
Chercher les oeufs au poulailler
Et tamiser la cendre au fond du jardin.

Puis, les pieds sur une brique elle nous parlera
Du cochon, de la canne et de l'oie, qui guignent,
Qui guignent, qui guignent la farine,
Pour nous faire avaler nos tartines dégoulinantes de confiture.

La toilette terminée, après le traditionnel :
« Je te tiens, tu me tiens par la barbichette… »,
Une partie de petits chevaux nous égayait,
Sûrs que tu nous laisserais gagner la partie.

De fil en aiguille, les torchons du grand-père de Corveissiat,
Rapiécés par la vieille machine NEVA,
Nous entraînaient sur les sentiers, où tu aimas
Passer ta jeunesse, entre Rose Dray et Henri Seyzériat.

Du temps des cerises, aux jours où souffle la bise,
La Marcelle et la Lizette t'accompagnaient, derrière le char

Mené par tes deux vaches, sur le chemin de la Quize
Ou en direction de la gare.

De ces jours anciens, tu gardas le sens profond
De la fidélité en amitié et le souci de la fragilité de l'existence,
Toujours attentive à soulager les plus pauvres et les blessés de la vie.

Canard boiteux de la famille,
Tu me prodiguais avec Papi,
Une grande confiance attendrie,
Pleine d'écoute et de respect d'autrui.

Le mercredi, réunissait tous les présents autour d'une table garnie
De gratins dauphinois et de biftecks,
Que suivait une kyrielle de desserts,
En passant de la mousse au chocolat, au bon vieux clafoutis.

L'après-midi nous venait Tatan Berthe,
Toute de rose vêtue,
Devant un café crème, l'oeil en fête,
Heureuse d'être la bienvenue.

Mais comment ne pas penser aussi, à ces grands repas
Du dimanche ou aux jours de Noël,
Quand papi piquait à l'ail le gigot et affûtait les couteaux ?
Ces longues journées, se terminaient toujours
Devant un bol de soupe et le bocal aux cornichons.

Mamie, au rythme des saisons tu nous apprenais
A donner sans compter, de notre temps et de notre coeur,
Dans la joie et la discrétion
Que procure la paix du devoir accompli.

De la fenêtre d'en haut tu souris,
Comblée de nous voir tous réunis.
Déjà tu bêches le jardin de la maison familiale,
Où chacun trouvera sa place et un lit douillet aux draps immaculés,
Garni de tes fameuses bouillottes en cuivre.

A mi-voix tu nous susurres :
« Mes riquets, aimez-vous comme je vous ai aimés,
En ouvrant généreusement vos portes et vos coeurs,
à ceux que la vie placera sur vos chemins… ».

Ode à Guenille

2004

Taisez vos chants, ô troubadours !
Je ne festoye en ces vils jours ;
Noir est le ciel, vide est l'octroi :
Dame Aguenille point ne viendra.

« Oyez ! oyez bonnes gens !
La damoiselle à la « croupe » François Premier,
Ne daigne son séant,
Asseoir uniquement sur son fier destrier ».

« Sous l'étendard de la nuitée,
Elle songe à bien d'autres combats,
Que ceux par Sainte Jeanne portés,
Contre l'anglois veule mis à bas ».

« Quel est donc ce frêle damoiseau,
Dont le coquin minois,
N'a d'égal que le beau museau,
De la biche aux abois ? »

« Face à un broc de vin d'Arbois,
Je lui manderai son doux nom :
« Es-tu Robin des Bois,
Gueux chanté de renom ? » »

« Si le saoul Préfet de la garde sise à Sherwood,
Dans ses sinistres geôles te rudoie,
Mon cœur irrité ne tendra pas l'oreille sourde,
Aux suppliques de qui je me dois ».

« Foin de vilaines rancœurs,
J'étendrai franc blason,
Telle une armure pour nos deux cœurs,
Dans le soleil au diapason ».

« Sur le Mont Butu je langois,
Espérant une nouvelle aurore ;
Avant que de guingois,
Je n'entrevois la mort…

Pollone

23 février 2005

Sur la route de Pollone,
Nous nous sommes arrêtés, curieux
De trouver une vieille maisonnée,
Pleine de ton sourire radieux.

Comment ne pas s'abandonner
A la joie, de fouler enfin
Le jardin, où mon frère aîné
Aimait réciter quelques grains ?

Sa tenue d'alpiniste,
Trône encore près du lit,
Pour rejoindre les pistes,
Que la neige embellit.

Sur les sommets de la foi,
Qu'il fait bon courir, aux côtés
De ce héraut, transporté
Par l'exemple des Saints d'autrefois.

Dans la Sainte Eucharistie,
Il nous invite à puiser
La force d'âme, qui ennoblit
Et délivre nos corps épuisés.

Sa charité sans failles,
Ne se départait jamais
D'une parole affable,
A ceux que le monde blâmait.

Parent des pauvres comme des petits,
Il donnait toujours sans compter,
Son temps ou ses fioretti,
Dans un élan de bonté.

Affaibli par la maladie,
Frère Jérôme Savonarole
S'envola au paradis,
Couronné de la Sainte corolle.

Il laisse dans son sillage
De nombreux émules, enhardis
Par son viril courage,
Tel Frère Pier-Giorgio Frassati…

Sur la route de Pollone,
Nous sommes repartis heureux,
Le coeur ardent, donné
Aux souvenirs des lieux.

Mon cœur fait boum !

A Cormorand, le 19 septembre 2009

Comment ne pas évoquer en ce jour des 40 ans un peu vieillis, tous ces bons amis d'hier, d'aujourd'hui et de demain, qui jalonnent ma vie vagabonde ? L'amitié est un trésor qui ne s'épuise jamais, si l'on sait la partager, le coeur ouvert sur l'inconnu et avant tout sur l'autre... Le prochain, que nos bons anges placent sur notre route, porte des gages d'avenir, prémices de joies simples et profondes, sans crainte du qu'en-dira-t-on, ni d'un donné pour un rendu.

A 40 ans, l'existence apparaît déjà comme de multiples couches, d'un mille-feuille que l'on dévore à pleines dents, peu soucieux d'une retraite paisible, mais plutôt enclin à se donner sans compter. A propos de Comté, nous sommes ici en Revermont, légendaire contrée rieuse, berceau de mes aînés, où le Suran coule des jours heureux...

Cultivant l'esprit de mes chers grands-parents, d'Hautecourt et de Cormorand, je tente de toujours garder « table ouverte », à qui se présente tel un visiteur du Bon Dieu. Je retrouve avec reconnaissance cette délicatesse bénédictine, jusque dans la belle Afrique, qui m'attend à chaque voyage, les bras ouverts et le coeur chaud.

Bien sûr, tous ceux qui me sont chers ne sont pas là aujourd'hui, mais chacun d'entre vous représente les étapes essentielles, des joies et des peines auxquelles personne n'échappe. Du fond de l'âme, je vous remercie de toujours demeurer présents à mes côtés, par la prière ou parfois en chair et en os. Vous faites ainsi partie intégrante de ma grande famille, que je remercie elle aussi très vivement.

Y'a d'la joie !

Au preux Roi Artur

A Cormorand, le 09/11/2009

A la Combe, nous nous rencontrâmes pour dîner
Un beau soir d'automne, tous deux entourés
De ton épouse, près de nos amis aînés,
Et de Marie-Hélène, déjà condamnée…

La conversation fila bon train,
Et de chouans en pèlerinages,
Survint la royale tarte Tatin,
Pour réfréner nos vagabondages.

Ton intelligence aiguisée,
Me trouva fidèle au poste,
Tel un cyrard avisé,
Par le panache d'une riposte.

De loin en loin, puis de proche en proche,
Notre fraternité se scella
Face à la maladie, celle-là
Qui nous emporte sans anicroche.

Nos longs entretiens d'oiseaux blessés,
Se clôturaient toujours d'un aveu,
Que le handicap jamais lassé,
Se plaît à partager, malheureux.

De tes enfants et de ta famille,
Tu me dressais un tableau savoureux,
Allant de l'inoffensive peccadille,
Au trait de caractère le plus sérieux.

Moi-même, je te parlais
De mes souhaits profonds,
Et du fruit que l'on sait
Porter, dans l'abandon.

Peu à peu, tu m'entraînais
Pour saisir quelque relais,
Evoquant les cartes et les plis,
Ecrits à chacun de tes petits.

Lourdes fut notre dernière rencontre,
Où tu m'adressas les paroles de vérité,
Lors d'une pauvre toilette improvisée,
Prêt à t'élancer vers l'Eternelle Rencontre

A Dieu mon Frère Pio !

Joie du Ciel sur la terre

A Lyon, le 31 mars 2010

Debout à l'orée d'un bosquet,
Etienne et son père, l'oeil vigilant,
Guettent l'arrivée des amis Pouzet,
En ce soir d'automne frémissant.

Lequel des deux est le plus fier de l'autre,
Du fils obéissant,
Ou du papa songeant
A l'avenir de son aîné, bon apôtre ?

Sera-t-il médecin des âmes,
Ou servira t-il, par les armes
L'idéal du Prince Eric,
Ou le royaume de Childéric ?

De pension en corniche,
Sur les traces de Saint-Cyr,
Il tente de revenir
Là où les anciens défrichent.

Devenu « Père Système », d'une promotion
Qui se forge à l'aune du Capitaine Beaumont,
Le jeune normand devenu bugiste,
S'ouvre au monde des parachutistes.

Mais le brevet en poche,
L'ALAT l'entraîne loin des lys,
Sous bien d'autres hélices,
Lieutenant sans anicroches.

Sa nombreuse fratrie
Se voit maintenant enrichie,
D'une jeune fille au teint clair,
Dont l'époux n'est pas peu fier.

Nous leur souhaitons le bonheur,
Qui ne réclame rien de plus
Que l'unisson, de deux coeurs
Qui s'aiment, lorsque trois devenus…

Lyonnaiseries

A Cormorand, le 14 juin 2010

Frère Gonzague chez le Corse,
M'est apparu en costume
Bleu marine « Hugo Boss »,
Un lointain soir de brume.

Avec l'ami Fabien,
Et Lionel sur son vélo,
Nous cherchions quelque coin
Pour manger dans un bistrot.

Mais le lundi, est fermée
La plupart des vieux canits,
Où les Lyonnais habitués,
Ne mangent pas de cannellonis.

Dans une petite rue pavée,
Un simple gourbi s'allumait,
Nous ouvrant ses portes feutrées,
Pour donner place à de bons mets.

Cette soirée, bien arrosée
Par le verre de l'amitié,
Scella une franche fraternité,
Qui ne demanda qu'à s'aiguiser.

Elle devança l'usure des années
Pour, dans les joies et les peines s'enraciner
Au creuset de la foi, éprouvée
Par toutes sortes d'épreuves arrivées.

L'engagement auprès des plus délaissés,
Ne manqua pas de nous rapprocher,
Pour confier nos âmes harassées
Au Christ douloureux, sur Son Coeur épanchés.

Le Mystère de la Sainte Croix,
Eclaire l'indicible épreuve
Du handicap qui laisse sans voix,
Ou de la maladie fleuve…

                    Assistez-nous Joseph !

« Lima Charlie »

A Lyon, le 12 février 2011

Pour le terrain d'aviation,
Nous sommes partis tous les neuf,
Heureux de cette évasion
A bord de l'aéronef.

Axel-chou, dort bien tranquille
Dans l'abri loin de Lyon,
D'où, nous nous envolons
Pour rejoindre mon asile.

La maison est là, tout au fond
Sous l'aile fragile de l'avion,
Qui survole le Revermont,
Portant mon coeur au diapason

Chacun à sa place ajuste son casque,
Attentif à Thomas qui nous indique
Ce que l'on voit près d'un lac,
Ou à la cime d'un haut pic.

Moi je songe à Mermoz,
Comme à tous les pionniers
Qui, pour la bonne cause
Furent des airs les postiers.

Dans les couloirs du temps,
Les héros s'entremêlent
Au quotidien des gens,
Et s'imbriquent pêle-mêle.

Mais Pérouges m'exhorte
Dans un frisson ailé,
A m'unir aux Vinçotte,
Pour un radieux déjeuner.

A Dieu nuages pommelés,
Sommets franchis à tire-d'aile,
Notre brave Piper dompté,
Atterrit d'un geste frêle.

Merci à vous amis fidèles,
Rencontrés à Lourdes au bord du Gave,
Pour cette affection fraternelle,
Qui allège de la vie les instants graves…

En piste !

A Cormorand, le 1er avril 2011

La nuit étoilée passe sur ma maison,
Et je songe à ces neiges en pente,
Où faute d'étoiles, je gagne d'un bond
Les pistes bleues, rouges, noires ou vertes.

Entouré de vrais amis,
Je me glisse parmi les skieurs,
Pour rejoindre, la mine ravie,
D'autres paysages, sans peur.

Jamais, je n'aurais cru monter si haut
Dans cet insolite attelage,
Et me croire si près des nuages,
Que j'en oublie tous mes bobos.

De mes bras un peu gauches,
Je dirige l'étrange machine,
Suivi, on le devine,
D'un guide natif des Houches.

Au loin, la Pointe de Sales
Etend son aquilin profil,
Sur les monts et les vallées,
Terre de mission du Saint zélé.

Ce soir, quelle belle épopée
A embellir au coin du feu,
Pour asseoir ma renommée,
De vagabond aventureux.

Mais ces périples seraient vécus en vain,
Si dans un vieux chalet près de Samoëns,
Je n'avais épousé l'esprit de famille,
Qui l'habite du grenier au fournil.

Merci pour ces moments bienheureux,
Qui montrent que l'on ne fait jamais le tour,
Des sentiments nobles, généreux,
Dont la vie vous accommode certains jours.

Le médecin de famille

A Cormorand, le 3 juin 2011

Au six boulevard de la République,
Nous allions, grands et petits,
Retrouver ce médecin pudique,
Qui soignait nos corps meurtris.

Au fil des années, ce sont
Deux, puis trois, puis quatre générations
Qui, tremblantes ou usées,
Gagnaient ce cabinet aseptisé.

En fin de compte, nous le quittions apaisés,
Heureux des paroles et des actes avisés
De ce bon docteur, toujours si calme
Malgré nos peurs et nos petits drames.

La disponibilité de cet homme, savant
Des choses de la vie et des membres souffrants,
N'a d'égales que sa patience,
Et sa tranquille élégance.

De Mamie à défaire comme un mille-feuille,
Aux tout-petits à gagner d'un clin d'oeil,
L'art du savoir-vivre et du savoir-faire
Devint pour lui, attitude coutumière.

Aujourd'hui que sonne l'heure de sa retraite,
Je songe à ces tranches de vie partagées,
A Bruno son voisin, mon ami qui prit congé
De l'existence, parfois lourde pour un poète…

Merci de tout coeur Monsieur Jouffroy
Pour vos compétences, enracinées
Dans le bon sens et l'octroi
D'un supplément d'âme inné.

Vous resterez pour nous à coup sûr,
Notre médecin de famille,
Celui dont la mémoire perdure,
Alors que s'effacent les peccadilles.

L'Alpette

A Cormorand,
Dimanche de Pentecôte, le 12 juin 2011

De Chamonix à Megève,
Les skieurs en goguette
Retrouvaient pour une heure brève,
Les bons plats de l'Alpette.

Ce chalet haut perché,
Accueillait en été
Des amis attachés,
Aux alpages arpentés.

Philippe, venait nous chercher
En Jeep au village du coin,
Pour nous amener en ces lieux, recherchés
Par les touristes et le gratin mondain.

Nicole nous attendait, radieuse
Entre deux gamelles capricieuses,
Où mijotaient légumes de saison,
Et vieilles recettes de renom.

Combien leurs mains à tous deux,
Avaient préparées de joyeux dîners,
Ou de trop tardifs soupers
Pour des marcheurs égarés, amoureux.

De Villereversure, aux perches du lac sans prix,
Leur convivialité ne faisait pas défaut
A qui savait gagner, plein d'appétit,
Leurs grands coeurs épris, comme jeunes tourtereaux.

Ils n'effaçaient pas d'un revers leurs enfances difficiles,
Lorsqu'ils accueillaient bien après l'heure, les parents fragiles
Des petits pensionnaires du Prévent,
Privés de l'affection d'une maman.

La Mémère, veillait du coin de l'oeil
Dans son deux pièces de Cormorand,
Sur ses enfants qui furent son seul orgueil,
Après avoir franchi bien des tourments.

Vieillie, elle préparait des cornichons
Pour les voisins amis,
Venus de Dardilly,
Passer la fin de semaine sans bouchons.

Aujourd'hui, votre souvenir
Se promène de la gare à l'église,
Et nous laisse envisager l'avenir
Avec confiance, à sa guise...

La Georges a toujours vingt ans !

A Lyon, le 2 juillet 2011

A la Brasserie Georges,
On lève son verre chaque fois
Que résonnent à pleine gorge,
Les airs anciens d'autrefois.

L'étrange limonaire,
Entonne à tue-tête
« Joyeux anniversaire »,
Le coeur en fête.

Ici, on se retrouve chez soi,
Assis sur les banquettes
Où soyeux et grands bourgeois,
Se succédèrent de bon aloi.

Tandis que les canuts
Mangeaient de la cervelle près du Cailloux,
La bière Georges par fûts,
Coulait à deux pas de la place Gensoul.

« Bonne bière et bonne chair »,
Sont les deux atouts,
De cette maison familière
Aux gones, venus de partout.

L'atmosphère allie modernité,
Et constance avec le service,
Comme pour les nombreuses spécialités,
Dont les gourmets se réjouissent.

Demeure là l'esprit lyonnais,
Qui de Rabelais à Planchon,
Inspira la Mère Vittet
Et les sempiternels bouchons.

Des hauts de Fourvière,
La Vierge d'or songe aux Noces de Cana,
Où par une prière,
L'eau en vin capiteux se changea…

Frère Soleille

A Saint Cyprien, le 20 juillet 2011

A la grange aux loups,
Il faut la nuit à tâtons,
Marcher à pas de loup,
Pour trouver son édredon.

Le sourire et la joie,
Forment toute la richesse
De cette famille, qui ma foi
Fleure bon la jeunesse.

Au pied du Mont Ventoux,
Bien loin des vitraux de Chartres,
Leurs racines ont partout
Clamé Dieu, sans simulacre.

Dans la simplicité familiale,
La générosité prend corps,
Et s'épanouit vaille que vaille,
Coupant court aux frileux trop retords.

Les vocations vont bon train,
Qui, du soigneux métier d'infirmière,
Aux batailles navales pleines d'entrain,
En passant par l'école buissonnière.

Grands et petits, se retrouvent
Chaque année à Lourdes,
Pour servir ceux qui découvrent,
Le don de leur peine sourde.

C'est ici, qu'Hélène et Quentin
Voient grandir au fil des années,
Leur amour simple et enclin
A l'humanité accablée.

Aujourd'hui, tous sont réunis,
Amis ou heureux cousins,
Pour supporter sans souci,
Ceux qui longtemps furent bons voisins.

La fraternité n'est pas un vain mot,
Et chacun de nous sait le prix
Que portent les mariés nouveaux,
A cet élan donné sans parti pris.

Puisse votre foyer, rayonner
Dans le coeur de ceux qui n'ont rien,
Que l'espoir de se réchauffer
Au feu du vôtre, si serein.

Vivement la retraite !

*A Flavigny sur Ozerain,
le 4 août 2011 en la fête du Saint curé d'Ars*

A Flavigny, on prend sa retraite
Tout au long de sa courte vie,
Sûr qu'elle ne se verra pas défaite,
Par un crac boursier subit.

Ici les moines sont légion,
Et la foi n'est pas de trop
Pour goûter, de la religion
Les subtils trésors en lingots.

Point d'euros ou de dollars,
A qui sait se lever tôt
Pour rejoindre, du lit au saut
Le Roi de nos âmes, sans retard.

Les retraitants venus de toute part,
Savourent le suc des exercices de Saint Ignace,
Pour reprendre courage au sein du monde hagard,
Triste pantomime dénuée d'audace.

Après avoir touché le fond de soi-même,
On remonte par l'échelle de Jacob,
Bien confiant en Jésus-Christ, qui nous aime
Et nous mène au bonheur sans opprobres.

L'homme est créé pour louer, honorer et servir Dieu
Notre Seigneur, et ainsi sauver son âme.
Le salut du prochain est un soin précieux,
Qui sans un répit, pour la mission, notre cœur enflamme.

La confiance en l'infinie Miséricorde
De notre Sauveur, nous tenaille
Et tend en nous, comme une corde
Qui vibre quand tout notre être trésaille.

Le zèle des affaires du Royaume
Comble l'existence,
De celui qui trouve dans les psaumes
Une corne d'abondance.

Sans se soucier du qu'en dira t'on,
Chacun peut retrouver près de Saint Joseph de Clairval,
L'innocence perdue, lorsque d'un bond
Il revient au souverain bien, en rejetant le mal.

En ces murs d'un temps ancien,
Bat le Sacré-Cœur de Jésus,
Qui aux mains des bénédictins
Ranime les forces perdues.

Après cinq jours en silence,
D'aucuns regagne sa route,
Son foyer ou son existence
Humble, que nul ne redoute.

Voici les disciples du Christ,
Ceux qui ne recherchent pas le bruit,
Mais qui dans le siècle apportent
En scapulaire, l'Etoile de nos nuits.

Frère Pier-Giorgio Frassati

Sauve qui peut !

A Lyon, le 16 septembre 2011

A la Sauvegarde,
Tout se passait sans souci,
Les enfants prenaient garde
Au martinet promis.

Ce petit coin de campagne,
Voyait vivre dans la joie
Mes aïeux qui, près de Champagne
Louaient une maison d'autrefois.

Passant de quatre à bien plus,
Ce logis grouillait d'enfants
De toute part accourus,
Retrouver leurs proches parents.

La guerre avait menés là
Tatan Hélène et tonton Pierre,
Avec leurs deux aînés, tout fiers
De courir près du bâchât.

Au temps des frisés polis,
Les réfugiés ne manquaient pas,
Désertant le vieux Nancy
Envahi par les bazookas.

La ferme du père Bruny,
Vaste terrain de jeux,
Donnait souvent l'envie,
De badiner un peu.

Déjà sa fameuse chèvre,
Comme celle de monsieur Seguin,
Fut le prétexte sans fin,
De récits très allègres.

La mémé Philomène
Replaçait tout en ordre,
Tournant à perdre haleine
Dans un beau désordre.

Chacun mettait du sien
Pour que tous, trouvent une place
Dans d'étroits lits anciens,
Quand les vitres se glacent.

La promiscuité fortuite,
Donnait un air de colonie
A la vaste chambrée, jaunie
Par les années dans leur fuite.

Puis, vint l'ère de la rue Clément
Où grands et petits, vieillis,
Evoquaient ces histoires d'antan,
Devant de bons clafoutis.

Aujourd'hui, le temps ne sauvegarde
De ces souvenirs ravis,
Que de maigres bribes, qu'il me tarde
De ramener à la vie.

L'écriture a cela de bon,
Qu'elle fige en un instant
Les rêves ou sentiments,
Que l'on soupçonnait vagabonds.

L'échelle de Jacob

A Cormorand, le 22 octobre 2011

« Le Cornet à dés » paraît
En mille-neuf-cent-seize,
Et le petit Trenet
Vint en mille-neuf-cent-treize.

Il aurait bientôt cent ans,
Ce vagabond aux yeux clairs,
Comme l'avait dessiné bien avant,
Max Jacob aux saisons premières.

De ce maître du printemps,
Charles parlait peu et pourtant,
Evoquait sans parti-pris,
Les heures sombres de Drancy.

Avec Cocteau et quelques amis,
Il tenta de tirer de l'infirmerie,
Antichambre de la mort près de Paris,
Ce doux poète fervent converti.

Arraché à sa retraite,
En l'Abbaye de Saint Benoît sur Loire,
Par des nazis proches de la défaite,
Il offrit cet amer ciboire.

Il rendit son âme complexe,
Au milieu de ses frères de sang,
Avec pour tout réflexe,
L'union au Christ souffrant.

De cet homme plein de fantaisie épistolaire,
Je devinais chez le fou chantant,
De forts nombreux traits de caractère
Et sans trêve, un désir de vivre désarmant.

Il m'enseigna l'art des ciels bretons,
Transmis par le peintre de Quimper,
Zélateur de la prose légère,
Et des romans au suc fécond.

Mon improbable grand-père
Fut mon Max, sans bruit,
Et j'étais d'un coeur sincère,
Son jeune Charles, à lui…

Le globe trotter de Dieu

A Cormorand, le 10 novembre 2011

De Lyon à Tournai, je file
Au long des routes de France,
Pour retrouver de fil en aiguille,
Mes amis d'hier ou de l'enfance.

J'aime ces grands voyages improvisés
Qui m'entraînent, loin de ma belle cité
Dans la charmante Wallonie,
Chez mon petit frère Anthony.

Près de lui, je retrouve un peu
De la fraîcheur des années soixante-dix,
Qui donnait un visage radieux
A la Gaule, christianisée par Sire Clovis.

D'abbayes en vieux bistrots,
Nous courons les chemins vicinaux
De ce royaume, façonné
Au dix-neuvième siècle nouveau-né.

Avec courage, le bon Roi Albert
S'évertue, à ramener la concorde
Entre deux communautés en discorde,
Qui désunies ne sauraient que faire.

Mais son aîné le Roi Baudouin, veille
Sur ses sujets bien-aimés,
Malgré la fronde, qui sommeille
Dans de nombreux corps constitués.

Les blessures du passé
Ne peuvent cicatriser,
Que dans le pardon accordé
De grand cœur, et en vérité.

Alors, pleins de confiance volons sans crainte
Dans les nues de ce plat pays,
En planeur ou à bord d'un avion à hélices,
Pour écouter sa complainte.

Celle d'un peuple doux et franc,
Animé de beaux sentiments généreux,
Qui redonneront son rang
Au Christ Sauveur, Miséricordieux.

A la Salette

                                  Cormorand, le 18 novembre 2011

Sur la route de Corps,
Avec sieur Jean-Matthieu
Nous évoquons les hauts lieux,
Où Notre Dame a pris corps.

De Mélanie et Maximin,
Au Capitaine Darreberg,
De grandes foules de pèlerins
Ont franchi le fameux erg.

La Sainte Vierge toute en pleurs,
Accueille ses enfants d'adoption
Au sommet des crêts en fleurs,
Ou enneigés au réveillon.

Les instruments de la Passion
De son Fils bien-aimé,
Ornent comme un médaillon,
Sa parure accoutumée.

Près de la source jaillie
Au milieu d'une terre aride,
Un sanctuaire s'est agrandi,
Loin des églises vides.

L'élève de navale gravit
Les coteaux devant mes yeux,
Pour atteindre l'âme ravie,
Les sommets vertigineux.

Avec sa gibecière dans le dos,
Il sillonne les sentiers de mulets,
Avant de retrouver au chaud,
L'ami Jérôme un peu inquiet.

Par sa démarche alpine,
Il vient rendre hommage
A la Maîtresse insigne,
D'un ancien patronage…

San Pellegrino

A Lyon, le 25 novembre 2011

En découvrant Sempé,
S'ouvre un univers
Fait de légèreté,
Et de lignes de travers.

Ses dessins, dépouillés
Mais riches par leur simplicité,
Font de vieilles rues mouillées,
Un décor d'hiver ouaté.

Sur un air de Satie,
Ses œuvres défilent une à une,
Atmosphère des tout petits,
Ou d'une mémoire commune.

Baignés par l'aura de Tati,
Les personnages déambulent,
Et prennent enfin le parti
De vivre, comme des noctambules.

Au fil des albums noircis,
On voit poindre le bel esprit
De cet homme aux cheveux gris,
Qui s'interroge sur sa vie.

Son talent fut de peindre
En quelques traits stylisés,
Les personnes sans but croisées,
A New-York ou dans l'Indre.

Sans souci moralisateur,
Ses planches sont animées
Par un tempérament inné,
Bon enfant persifleur.

La comédie humaine,
Méritait bien cette patte
Agile, qui m'épate
Par son intelligence sereine.

Les plafonds de l'enfance

A Cormorand, le 21 décembre 2011

A trop regarder le plafond,
On en oublie les murs blancs
Qui nous entourent, et tournent en rond
Dans un violent ouragan.

Le corps est bien faible,
Mais l'âme vagabonde
S'envole vers les nids d'aigles,
Où l'air vif surabonde.

Vos jambes vous clouent sur place,
Mais l'imagination s'élance
Au sommet d'une mer de glace,
Ou aux abords de la Durance.

Qu'il est bon de s'allonger
Dans l'herbe folle de la garrigue,
A observer les vieux oliviers,
Presque morts de fatigue.

Ils ne donnent plus de fruits,
Mais une auréole bleutée
Respecte sans un bruit,
Leur bicentenaire beauté.

Tels ces enfants qui couraient jadis
Au long des sentiers boueux ou asséchés,
La vie se meut sans préjudice
Des jeunes années, aux membres desséchés.

Au fond nous restons les mêmes,
Tendres jouvenceaux ou caustiques vieillards,
Avides de frais « Je t'aime »,
Comme de récits que l'on arrange goguenards.

Les plafonds de l'enfance
Reviennent un soir sans coup férir,
Dans un train en partance
Pour un Eternel avenir…

La valse des générations

A Cormorand, le 26 décembre 2011
En la fête de Saint Etienne

Quand je suis à Villereversure,
Je retrouve mon existence
Telle qu'elle est restée, de l'enfance
Aux faubourgs d'un jeune homme mûr.

Ici le temps s'enfuit,
Et revient sans prévenir
Par un beau soir de pluie,
Heureux de nous rajeunir.

Les saisons passent frivoles,
Au gré des ans qui filent
Le canevas de nos vies,
Qui se prolongent à l'envie.

Toute la maisonnée m'attend,
Frileuse au fond des placards,
Ou nichée sur les lits d'antan,
Qui vont craquer au hasard.

Le parfum sucré des feux de bois,
Vient éveiller mes papilles,
Et régaler tout comme autrefois,
De la nation les pupilles.

Combien d'enfants à sevrer
Sont venus ici téter,
Le tendre sein nourricier
De notre gentille mémé ?

Dès le début avec son petit-fils Pierre,
Nouveau-né de la région parisienne,
En passant par sa dernière fille Hélène,
Sœur de lait de Maurice, son neveu sans père,
Les générations entremêlées
Ont à la même aïeule communiées.

Elles peuplent mes souvenirs,
Joyeuses d'ainsi fleurir
Les heures glanées par-là par-ci,
Pour mieux oublier mes soucis.

Vingt ans après…

A Cormorand, le 27 décembre 2011

A la DOUA avec l'ami Gilles,
Je n'étais pas très doué,
Mais plutôt parfois agile,
Aux vieux baby-foot du foyer.

Moi, je lisais « Le Petit chose »,
Et lui dans les yeux d'Elise,
Peu passionnés par les cours de droit,
Visiteurs trop éphémères je crois.

Lui, féru de musique classique,
Et moi de fanfares, d'harmonies,
Nos deux esprits souvent fantasques
Ne pouvaient jouer qu'en symphonie.

Point d'anicroche en cette amitié,
Portée au-delà du sol
Loin de ce monde falot, fol'
Manège hors de ma volonté.

Chacun de nous suivit sa route,
Enchantée par le Revermont,
Ou arpentée en Savoie près du Piémont,
Dénuée de remords que l'on redoute.

Au service de Saint François de Salles
Dans son château de Thorens,
Le jeune conférencier entre deux escales,
Découvrit le métier de guide sachant.

Soucieux du service public,
Le preux lecteur de Daudet
Sert de son mieux, les affaires juridiques
Dans une collectivité de projets.

Aujourd'hui, par les ans mûris,
Les deux complices de naguère
Se rencontrent, et se rient
De tout cela comme hier.

Plus de vingt ans après,
Ils se découvrent pareils,
Sans fards ni regrets
Dans le soir vermeil.

Mémentos

Bienheureux Pier-Giorgio FRASSATI
(Turin 1901 - 1925)

«Vers le sommet»

Bienheureux Pier-Giorgio FRASSATI, vous qui avez insufflé le goût du sacrifice et de la charité fraternelle à la jeunesse de votre temps, suscitez en nous aujourd'hui l'amitié bienveillante, qui rejette la jouissance et l'égoïsme de ce monde.

Apprenez-nous à gravir les cimes de la Foi, avec la même facilité dont vous franchissiez les sommets du Piémont.

Animé toujours par votre zèle au service du plus pauvre et du plus petit, inspirez-nous sans cesse l'humilité dans l'oblation de nos joies et difficultés quotidiennes.

Heureux de suivre votre exemple, nous parviendrons ainsi à réjouir le Sacré-Coeur de notre Seigneur, qui aspire tout autant à Aimer qu'à être Aimé.

Bienheureux Pier-Giorgio FRASSATI, ardent ouvrier du Père, priez pour nous et soyez notre guide dès ici-bas, jusqu'au face-à-Face éternel.

.

Amen.

Pater
Ave Maria
Gloria

«Pendant l'Eucharistie, Jésus me rend visite tous les matins.
Moi, je la Lui rend, par mes pauvres moyens, en visitant les pauvres».

Capitaine Gérard de Cathelineau
(Paris 1921 / Haute-Kabylie 1957)

« Elever les autres par sa propre ascension »

Gérard de Cathelineau, soldat du Christ-Roi,
à l'instar de votre conduite, gardez-moi toujours fidèle,
aux promesses de mon baptême,
et apprenez-moi à transmettre le bien reçu.

Menez-moi aux devants de celle,
que Dieu prépare à me comprendre,
et engagez mon coeur à l'accueillir,
paré des mêmes dispositions.
Loin de représenter un obstacle ou une contrainte,
notre union deviendra le tremplin de nos deux âmes.

Appliqué à la tâche comme le centurion de l'Evangile,
enseignez-moi la joie de me contenter de peu,
et d'y trouver beaucoup afin de me satisfaire en tout.

L'harmonie engendrée par la terre de nos aïeux,
civilisation d'équilibre et de douceur,
héritage de siècles chrétiens,
soutiendra mon regard aux jours des horizons lointains.

Parvenu au terme de ma course,

puisse la Sainte Vierge Marie, notre souveraine,
m'ouvrir les trésors infinis de son Divin-Fils,
et baigner tout mon être aux sources vives du Sacré-Coeur.

Gérard de Cathelineau, humble serviteur du Père,
nous chanterons alors en vérité,
l'Angelus à la gloire de la Sainte-Trinité.

Amen.

Pater noster
Ave Maria
Gloria

(En la fête de l'Immaculée-Conception 2001)

*«Dieu est le seul vrai bien
et maintient la joie de l'âme
jusque dans la tristesse »*

Vierge au globe
(Chapelle de la Médaille Miraculeuse)

Reine des coeurs, encouragez-nous
à propager l'apostolat auprès des malades,
des personnes âgées et des prisonniers.
Que votre Saint Rosaire devienne
un lien fraternel de prières,
Amen.

et

Saint Maximilien-Marie KOLBE
(Pabjanice 1884 - Auschwitz 1941)

«L'essentiel n'est pas de beaucoup agir
selon notre idée, mais d'être entre les
mains de l'Immaculée»

EX MISERICORDIA DEI PER IMMACULATAM

*(Autographe à la première page des intentions de messes,
au jour de son ordination, le 28 avril 1918)*

******

«Petite Maman», je ne sais où on arrivera avec cette entreprise,
mais daignez vous souvenir de moi et de nous tous
comme il vous plaît pour la plus grande gloire de Dieu.

Je vous appartiens, ma petite Mère immaculée.
Vous savez combien je suis misérable,
cheminant au bord du précipice, plein d'amour-propre.

Si vos mains immaculées cessent de me soutenir,
je tomberai d'abord dans les péchés les plus graves
puis dans les profondeurs de l'enfer.

Mais si vous ne m'abandonnez pas et me guidez,
bien qu'indigne, certainement je ne tomberai pas
et deviendrai un grand saint ...»

(Extrait de son journal personnel,
7 octobre 1919)

2003, année du Saint Rosaire
Aux intentions de la famille et de la paix

Chaque jour, on peut conclure avec avantage son chapelet, ou si l'on est empêché une simple dizaine, par l'invocation :

« *Ô Marie conçue sans péchés, priez pour nous qui avons recours à vous et pour tous ceux qui n'ont pas recours à vous* »

(Saint Maximilien-Marie Kolbe)

A chacune de nos visites aux plus démunis,
icônes de votre Divin-Fils crucifié,
offrons en votre nom lorsque la charité l'autorise,
une médaille miraculeuse,
porteuse d'espérance et de réconciliation.

Bienheureux Karl LEISNER
Prêtre et Martyr
(Ress 1915 - Planegg 1945)

« Vainqueur dans les chaînes »

Bienheureux Karl LEISNER,
vous qui, par votre ordination sacerdotale
au coeur de l'enfer du camp de Dachau,
avez réconcilié toutes les nations européennes
autour du Saint Sacrifice de la Messe,
donnez-nous de revenir à notre Seigneur Jésus-Christ,
unique source de Salut !

Qu'à votre suite nous vivions de la foi de Saint Etienne,
mue par l'amour du Sauveur
envers chaque homme de bonne volonté.
Faites que nos pays de vieille chrétienté
déploient leurs plus belles valeurs,
et puisent leur charité bienveillante aux sources fraîches
de Celui qui a tant aimé le monde en livrant Son propre Fils.

Votre sourire inlassable malgré les épreuves inouïes,
engendrées par la maladie et les atrocités
que provoque une humanité coupée de Dieu,
conquit les coeurs désespérés
de vos compagnons d'infortune.

Pour tous vous étiez « l'Ange du réconfort »,
qui console et apporte un avant-goût du Royaume des Cieux.
Messager de Jésus-Hostie, prisonnier d'Amour,
vous apparaissiez tel Saint Gabriel
aux pieds de la Vierge-Mère Immaculée.

Le Christ était si bien votre passion
qu'Il vous conforma à Son image,
vous invitant à bénir sans cesse vos bourreaux.
Par votre total abandon à Sa Sainte Volonté,
vous Le suiviez jusque dans Sa Passion.

Prêtre à jamais de Jésus-Crucifié,
guérissez nos âmes et nos corps
par les grâces de la Sainte-Eucharistie,
afin qu'en toute chose, nous avancions face à notre Roi.
comme chevaliers et vainqueurs de nous-mêmes.

Bienheureux Karl LEISNER,
fidèle disciple du Christ-Souffrant,
redonnez à notre temps le sens de la dignité humaine,
qui honore et préserve le don de la vie,
mystère de l'Esprit-Saint,
dès son origine jusqu'à son terme naturel.

Amen.

Pater
Ave Maria
Gloria

« Pas de christianisme à fil de fer barbelé,
mais un christianisme joyeux et ensoleillé »

En cette Année Eucharistique (2004-2005)
souvenons-nous que le Bienheureux Karl LEISNER
célébra, le 26 décembre 1944, son unique Messe
en la fête du diacre Saint Etienne, premier martyr.

Sous-lieutenant Louis Boisramé
(Angers 9-8-1920 / La Justice 20-8-1944)

« En plein ciel tous les soucis sont envolés
ou plutôt c'est nous qui sommes partis
et eux restés ! ».

Louis Boisramé, mû par une longue tradition
d'honneur et de fidélité, vous apportiez
votre enthousiasme communicatif
à tout ce qui vous semblait bon et beau.

Guidé par le goût de l'effort,
donnez-nous de préférer sans hésiter
au plaisir des fréquentations équivoques
qui amolissent le caractère,
la joie véritable des belles amitiés,
empreintes de continuels renoncements.

Par votre délicatesse jamais prise en défaut,
inculquez-nous une ferme piété,
aussi simple que profonde,
ancrée dans l'amour filial envers notre Mère des Cieux.
Montrez-nous que la concrétisation d'un rêve
ne peut s'opposer à la sanctification de tout notre être.

A votre exemple, puissions-nous discerner,
que les études et les activités sportives
doivent uniquement nous guider vers le Ciel,
et n'être pas comprises comme une fin en soi.

Au service des enfants, votre discret
et précieux apostolat vous incita à redevenir l'un d'eux,
armé toutefois d'une souple et vigilante autorité.

Par le don de nous-mêmes, incitez-nous
à consumer nos existences au feu de la charité,
près des hommes de bonne volonté.

Dans la Sainte Communion quotidienne,
nous puiserons les forces indispensables
pour accomplir au mieux notre tâche parfois délicate.

Même si les chemins de l'héroïsme
ne se révèlent pas forcément ceux que nous souhaitions,
l'Ange gardien, notre plus sûr compagnon,
nous tiendra généreux face aux nobles causes.

Alors, la mort en camarade,
nous trouvera toujours prêts, sans frayeur,
amoureux de l'ivresse des altitudes
et de l'âpre goût du risque.

Nous paraîtrons ainsi en présence
des trônes de la Sainte-Trinité,
heureux que l'offrande de nos sacrifices trouve grâce
devant le grand Ami de nos âmes.

Louis Boisramé, vaillant partisan du Père,
nous entonnerons à coeur joie le Regina Cæli,
unissant nos voix à celles des Anges du Paradis.
Amen.

Pater
Ave Maria
Gloria

« Je ne me suis encore «habitué» à la vie
et je ne le souhaite pas du tout ».

Achevé d'imprimé en France

Mars 2014

Dépôt légal – Mars 2014

www.ingramcontent.com/pod-product-compliance
Lightning Source LLC
Chambersburg PA
CBHW071646090426
42738CB00009B/1438